U0015153

格差社會

格差社會
かくさしゃかい

橘木俊詔 著

丁曼 譯

中和出版
OPEN PAGE
中

前　言

　　8 年前，我寫了一本《日本的經濟格差》(岩波新書，1998 年)，並在書中指出，日本「一億總中流(或稱一億總中產，九成左右的國民都自認為是中產階級)」的時代已經過去。具體來說，在 20 世紀 80 年代以前，日本社會貧富差距很小，絕大多數人都有一種中流意識，不過現在這一時代已宣告結束，日本的貧富差距正在擴大。

　　此書一經出版，就一石激起千層浪。有人支持，也有人批評我的統計方法，爭論不休。這種爭論已不僅限於經濟學領域，甚至波及其他的研究領域。

　　對於格差社會(格即階層)的關注度越來越高，大眾媒體和各大智庫紛紛開展國民問卷調查。面對「你覺得日本的貧富差距正在擴大嗎？」的問題，幾乎所有的調查結果都顯示，七到八成被訪者做出了肯定回答。可以說，很多日本人對於逐步擴大的社會格差已有切身體會。

在這一時代浪潮中，人們圍繞着格差再起爭論，其契機是 2006 年 1 月內閣府公佈聲明，該聲明認為日本格差擴大只是老齡化引發的表面現象。內閣府的這一見解引發爭論，有人認為格差的確在擴大，也有人認為格差不過是表面現象。

我認為這次爭論與以往各次的性質都不同。小泉首相在國會出人意料的發言：「哪個社會都有格差，出現格差絕非壞事」「有人嫉妒成功人士，拖強者後腿，如不遏止這種風潮，社會將停滯不前」，就明顯地反映了這種變化。

今天爭論的一大特徵就是上述思考方式，即認為「格差有何不好？」「格差擴大又有何妨？」。這種思考方式，遠比此前的「社會格差是否在擴大」「日本社會是否還是『一億總中流』」這樣的爭論，更能觸及社會的根本問題。而且，連以首相為首的領導層也開始持此種主張，這一點也很重要。

這種現象的背景是甚麼，我們該如何看待這一現象？這是本書將探討的重點。下面介紹各章結構。

第一章：使用多方面數據來驗證格差現狀，並分析格差的擴大趨勢是否如政府所說不過是表面現象，以及政府如此主張的意圖何在。

第二章：思考格差擴大的原因，其中重點關注雇傭體系的急速變化，並從格差角度分析現在正在進行中的結構改革的問

題所在。

第三章：思考格差擴大帶給日本社會的種種變化。社會出現兩極分化，富裕層和貧困層都出現了巨大的變化。可以理解為，低收入勞動者等新貧困的出現正在演變為巨大的問題。

第四章：分析格差如果進一步擴大，日本將變為怎樣的國家，出現怎樣的問題。

第五章：將儘量具體地為糾正格差社會建言獻策。

目錄

第三章　格差進行時
—— 日本社會正在發生甚麼？

第四章　思考格差社會的走向

第五章　給格差社會開處方
——擺脫「非福利型國家」

第一章　檢視格差現狀

本章將使用多方面數據，來驗證日本社會的格差現狀。

一、從收入看格差現狀

用甚麼來證實格差呢？

估算格差時使用最普遍的是收入數據。雖然這是一個基本問題，但我們還是從為甚麼要看收入問題講起。

除收入外，還有資產和消費數據可作為估算參數。

資產估算方式關注的是在某一時段所持有的金融資產和土地、房屋的總額。將它作為指標看貧富時，對於零資產的家庭和大富翁有意義。但也存在問題，即有關資產的數據並不太多，且數據欠缺可信性。

還有人認為，一個人的消費水平如何，在很大程度上可以反映出這個人的貧富，或者說幸福與否。即：高消費者富裕，低消費者貧窮。現在的消費水平呈現出怎樣的不平等？我認為這是很重要的課題。但是想要具體估算出某個人某段時間消費了多少，又是極其

困難的。大家可以想像一下自己詳細記賬時的困難程度。所以這種估算方式的可信度也較低。況且也很難斷言消費與貧富、幸福與否有着直接的關聯。

與資產和消費相比，收入數據的可信度較高。可以認為，高收入人群也就是能夠過上高消費生活的人群，低收入人群則是貧困人群。計算收入也比計算消費容易得多，清晰明了。因此在研究格差問題時，大家都先看收入。資產測算法和消費測算法在衡量分配是否公平的問題上雖也有價值，但我以為，與收入測算方法相比，這兩種方法現階段還不能普遍適用。

何謂收入？

計算收入時大致分為兩個概念，一是「再分配前收入」，一是「再分配後收入」。所謂「再分配前收入」指的是納稅和繳納社會保險費之前的收入，「再分配後收入」指的是納稅和繳納社會保險費之後，再加上所獲得的社會保障給付金後的收入。在計算收入時，必須區分「再分配前收入」和「再分配後收入」這兩個概念。本章中使用的大多是「再分配後收入」。

順便介紹一下再分配前收入的構成要素。1. 工資、薪金所得；2. 個體工商戶的生產、經營所得（自主創業或家族企業）；3. 農戶所得；

4. 副業勞動所得（家庭主婦等在業餘從事勞動的所得）；5. 資產所得（利息、股息、紅利所得，房地產租賃所得）；6. 其他收入（上述 1 至 5 之外的所得）。

計算收入的四個數據源

日本用來計算收入的數據源主要有以下四個：

一是日本厚生勞動省每三年公佈一次的「收入再分配調查」，它是厚生勞動省每年公佈的「國民生活基礎調查」中關於收入的詳細調查。二是日本總務省每年公佈的「家計調查」。三是總務省每五年公佈一次的「全國消費實態調查」統計。「家計調查」和「全國消費實態調查」兩份統計資料除收入數據外，還包含消費數據。四是厚生勞動省每年公佈的「工資、薪金構成基本調查」，別名「工資、薪金普查」。

以上四個數據源各有優劣。第一個「收入再分配調查」的優點是調查對象覆蓋居住在日本的全部居民，樣本的抽取並不限定調查人工作與否、職業如何、家庭構成如何，因此樣本能包含全體日本人的特徵。而且，因其包含的納稅和社會保障方面的信息十分豐富，所以也可用於分析稅制和社會保障制度對於收入再分配的效果。我認為，在四個數據源中它是可信度最高的。

第二個「家計調查」的優點是調查每年進行，缺點是只調查家

庭成員為兩人以上家庭的家計，這就是說，一人戶被排除在調查範圍之外。另外，從職業來說，調查對象中不包含從事農業的人員。但其實一人戶和農戶中的低收入者居多。因此，使用「家計調查」的數據計算出來的收入分配的不平等程度要低於使用其他數據源得出的結果。也就是說，該數據源會提升平等度。總務省不久前才意識到上述問題，將一人戶和農戶也納入了調查對象，這就將調查範圍擴展到了全體日本人，實現了與「收入再分配調查」相同的樣本數。不過，即便如此，有些連續性追蹤調查需要收集以往的收入分配狀況，就不可能依靠這一數據源，這是它的短板。

第三個「全國消費實態調查」要比「家計調查」翔實，但五年才公佈一次，因此無法進行連續性追蹤。另外，其調查對象也重點關注兩人以上家庭的家計，一人戶所佔比重很小。因此，這一數據的短板是無法提供日本整體的樣本。

第四個「工資、薪金構成基本調查」的優點是樣本數非常豐富，達100萬人以上，且每年都會公佈。但是它只調查工資、薪金，即只將工薪階層納入統計對象。非工薪階層，比如個體工商戶、農戶、退休後靠養老金生活的人，都在調查對象之外，而財產和資產所得也在調查範圍之外，並且，樣本中僅包含員工在10人以上的企業。也就是說，即使是工薪階層，若在10人以下的微型企業工作，其工資、薪金情況也無法在此調查中看到。工資、薪金其實只是收入的一部分，因此不能依靠該數據

討論整個收入問題。該數據只是在分析工資、薪金時有重要參考價值。

　　我們必須在辨明上述優缺點的基礎上綜合使用上述四個數據源。「收入再分配調查」的樣本中涵蓋了所有日本人，可信度最高。因此我認為，可以重點依據該數據分析收入分配的現狀。

收入格差的現狀

　　1998 年出版的拙著《日本的經濟格差》中介紹了 1980 年以後日本收入分配走向不平等的趨勢，其分析依據就是「收入再分配調查」數據。現在，可以說不平等的趨勢在進一步加劇，情況比該書出版時更為嚴重。

　　表 1-1 中顯示，再分配前收入和再分配後收入中的堅尼係數自1980 年至 2002 年呈現持續上升。

　　堅尼係數是意大利統計學家堅尼發明的，常用於估算格差與不平等程度。該係數將人們處於完全平等的狀態定為 0，完全不平等的狀態為 1，所以數值越大、越接近 1，則說明收入分配的不平等程度越高。

　　由表 1-1 可知，1981 年再分配後收入的堅尼係數是 0.314，2002 年上升至 0.381，這說明堅尼係數漲幅很大。80 年代至今，堅尼係數一路攀升，說明收入分配的不平等化趨勢在持續。

表1-1　收入分配的變遷

	再分配前收入的不平等程度（堅尼係數）	再分配後收入的不平等程度（堅尼係數）	再 分 配 係 數（%）	納稅調節再分配的係數 (%)	社會保障調節再分配的係數 (%)
1972 年	0.354	0.314	11.4	4.4	5.7
1975 年	0.375	0.346	7.8	2.9	4.5
1978 年	0.365	0.338	7.4	3.7	1.2
1981 年	0.349	0.314	10.0	5.4	5.0
1984 年	0.398	0.343	13.8	3.8	9.8
1987 年	0.405	0.338	16.5	4.2	12.0
1990 年	0.433	0.364	15.9	2.9	12.5
1993 年	0.439	0.365	17.0	3.2	13.2
1996 年	0.441	0.361	18.3	1.7	15.7
1999 年	0.472	0.381	19.2	1.3	17.1
2002 年	0.498	0.381	23.5	0.8	21.4

出處：厚生勞動省「收入再分配調查」

我們再用「家計調查」中的數據驗證一下 (圖 1-1)。「家計調查」數據顯示，自 1980 年左右開始，堅尼係數雖有短期的波動，但整體處於上升趨勢之中。因此可以說，收入分配的不平等化處於長期持續的態勢。不過，該數據還有一個不太明顯的特點，就是堅尼係數在 2003 年有所下降。

為何出現下降？對此，我個人想做一個推測。日本出現收入分配不平等現象的原因之一就是一人戶貧困人群增多，特別是老年一人戶的貧困程度加劇，分配不平等程度也隨之加劇 (後文將會詳述此問

題）。但是，如前所述，「家計調查」的範圍中沒有一人戶，因此沒有涵蓋老年一人戶貧困加劇這一要素。

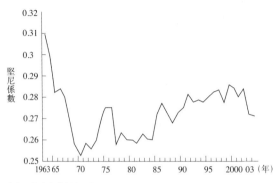

出處：總務省「家計調查」

圖 1-1　由「家計調查」看堅尼係數的變化

換言之，如果使用「家計調查」的數據，由於其調查對象是兩人以上家庭的家計，也許就會得出收入分配不平等程度在近期得到緩解的結論。不過即便使用這個數據，就趨勢而言，從 80 年代到現在，不平等程度仍然是呈上升趨勢的，以長時期的標準來觀察，仍然可以看到收入分配是在不斷地不平等化。

而從「全國消費實態調查」看，堅尼係數雖然沒有急劇變化，但依舊呈現持續上升態勢（圖 1-2）。

至於「工資、薪金構成基本調查」所體現的工資、薪金分配的變化，如前文所述，由於這個統計方式無法全面反映收入情況，所

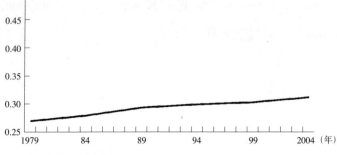

出處：總務省「全國消費實態調查」

圖 1-2　「全國消費實態調查」所示堅尼係數的變化

以在此不做詳細討論。儘管如此，因為從工資、薪金分佈中仍可看
出「年功序列」分配制開始轉變為能力、成果主義的分配制，所以
不妨說，收入的不平等也稍稍顯露了出來。因此，雖然我會在第二
章第三節進行詳細說明，但是作為收入分配不平等化的原因之一，
薪資分配的不平等化也可以先在此提出。

　　綜上所述，從數據來看，自 80 年代以來，日本收入分配的不平
等趨勢愈演愈烈。

二、日本不平等程度的國際比較

不平等程度的國際比較

前一節中使用了日本國內的指標，探究了日本收入分配隨時間發生的變化，可以看出日本不平等程度的加劇。而與其他國家相比，日本的不平等程度處於怎樣的位置呢？拙著《日本的經濟格差》曾比較了發達國家中的收入分配狀況，並指出在該書成書之際，日本就已經不是「一億總中流」的社會了，其不平等程度已經與德、法等歐洲大國持平。具體而言，80年代到90年代初期，日本就不再是平等程度較高的國家了，而是與歐洲大國一樣，不平等程度在加劇。現在的狀況如何呢？OECD（經濟合作與發展組織）調查了加盟國的收入分配現狀，並於2004年底公佈了結果。在下文中，我將使用此調查結果來檢驗現在的狀況。

何謂OECD調查？

先簡單介紹一下這裡用到的OECD調查。

OECD成員國將各自的收入分配數據提交至OECD，OECD會

比較這些數據，然後使用以堅尼係數為首的各種標準來測算收入分配中的不平等程度。另外，此調查包括了對各國貧困程度的比較調查，而這將在下節講到。因此，此調查最大的特點就是它基於各國提交的數據。

另一個特點是使用「人均收入」概念。因為家計中的構成人員不同，既有一人戶，也有兩人戶、五人戶。因此，如果不排除家計中的人數影響，就很難正確比較分配的實際情況和生活水平的實態。在 OECD 調查中，會綜合考慮上述家計人數差異，做出調整與換算，然後將調整與換算後的數據定義為「人均收入」，並展開分析。

日本已進入不平等程度較高國家隊列

參看表 1-2 中的 OECD 統計結果可知，日本的再分配後收入中的堅尼係數為 0.314，在發達國家中屬於不平等程度較高的一類。

不妨將發達國家收入分配的現狀分為以下三類：1. 平等程度較高的國家；2. 中間層的國家；3. 不平等程度較高的國家。屬於 1 類的主要是北歐各國，即丹麥、瑞典、荷蘭、奧地利、芬蘭、挪威等；屬於 2 類的有法、德等歐洲大國；3 類的有葡萄牙、意大利、美國、紐西蘭、英國，還有日本。

有人批評我的《日本的經濟格差》，說：「日本的不平等化趨勢

表1-2 發達國家中收入分配的不平等程度（堅尼係數）

丹麥	0.225
瑞典	0.243
荷蘭	0.251
奧地利	0.252
芬蘭	0.261
挪威	0.261
瑞士	0.267
比利時	0.272
法國	0.273
德國	0.277
加拿大	0.301
西班牙	0.303
愛爾蘭	0.304
澳大利亞	0.305
日本	0.314
英國	0.326
紐西蘭	0.337
美國	0.337
意大利	0.347
葡萄牙	0.356
OECD 全體（24 個國家）	0.309

出處：OECD, Income Distribution and Poverty in OECD Countries in the Second Half of the 1990s, 2004

的確是事實，但是跟其他發達國家相比，收入的不平等程度也就是中上水平，無須大驚小怪。」的確，如前所述，由於在該書成書之際，日本的不平等程度與歐洲大國持平，所以這種批評也不無道理。

但是，若光從表 1-2 來看，目前上述批評論調已不能成立。也就是說，日本的不平等程度確確實實呈現上升態勢，且即便在發達國家中，也明顯處於不平等程度較高的國家之列了。

除日本之外的不平等程度較高國家的代表有英、美，還有葡萄牙和意大利。後兩者都屬於南歐，即都屬於歐洲的後發國家或中等發達國家。我們知道，如果把世界分為發達國家與後發國家，那麼後發國家的收入分配的不平等程度是要比發達國家高的。所以，從這個角度來看，葡萄牙

和意大利較高的收入分配不平等程度，可以理解為是因為他們屬於歐洲的後發國家。

英美兩國也經常位列不平等程度較高之類。兩國都是主張新自由主義的國家，也就是基於市場原教旨主義，選擇實行鼓勵競爭的經濟體制，對於收入分配這類結果上的不平等（而不是程序上或者過程上的不平等），它們並不視之為問題，而一以貫之地視之為個體的責任。今天，從政治家和企業家開始，日本信奉新自由主義的趨勢在加強。我認為，這是日本的不平等程度正在趨近英美水平的原因之一。

作為補充，關於紐西蘭我想贅言一句。該國於 80 年代後期強行推進了放寬管制的政策，這一政策在某種程度上盤活了經濟，日本也派出了很多考察團前去參觀學習。但時至今日，紐西蘭國內已經在反思，認為這個放寬管制的政策過頭了。可以想見，收入分配不平等化也是促使其反思的契機之一吧。

三、日益嚴峻的日本貧困狀況

絕對貧困與相對貧困

本章第一、二節分別用國內指標和國際橫向比較的指標，來確認了日本收入分配不平等擴大的現狀。這種不平等擴大意味着甚麼？簡單來說，意味着貧富差距的擴大。貧富差距的擴大表現在兩個方面。第一，富裕層收入越來越高，貧困層越來越窮。第二，富裕層和貧困層的人數相對增加。現在這兩個方面的表現都可見於日本。我認為，尤為嚴峻的是貧困層的問題，具體來說，貧困層人數增加，貧困人群收入嚴重下降。本節將聚焦於貧困的現狀。

首先，甚麼是貧困？從定義來思考的話，有必要從貧困的兩種定義來理解。第一種是「絕對貧困」，意思是給定一個僅夠糊口的收入標準，而收入低於此標準就叫「絕對貧困」。糊口所需的最低收入因地而異，如果我們假定一年的最低基本生活標準為 150 萬日元，那麼收入低於這一標準的人就是絕對貧困的。

還有一個定義是「相對貧困」。此定義關注的是與他人相比，低收入的程度如何。例如，與平均收入相比，收入不及平均收入的百分之幾，就被視為貧困的這種判斷方法。按照這個定義的邏輯，

如果與他人相比自己的收入非常低，那麼這個人就會自慚形穢地感受到貧困，這就叫作相對貧困。

讓我們根據這兩個定義來看看日本的貧困現狀。

收入不足以糊口的人與低保戶

先用絕對貧困的標準來分析。收入無法糊口、不能負擔基本生活的人在日本究竟有多少？我使用「收入再分配調查」的數據作了如下計算。

日本政府為幫助貧困人群，建立了最低生活保障制度，政府付給不能負擔基本生活的人現金。究竟收入幾何的人可以適用該制度？不同地區的不同收入、生活和物價水平，使得各地的標準，即最低生活保障基準也不相同。當然，家庭成員人數也會影響到最低生活保障基準，但是最重要的還是地區差異。

我使用「收入再分配調查」中的收入金額，計算了各地區的貧困人口數。用到了兩個計算方法。一是最低生活保障基準中被稱作「1級地區之1」的標準，也就是適用於大城市居住人口的標準。東京、大阪、仙台、名古屋等大城市裡都採用這一標準，如果收入在標準以下，就將其視為貧困人口，在此基礎上計算出貧困率 (表1-3)。計算結果顯示，貧困率在 1996 年為 11.2%，1999 年為 13.4%，2002 年為 15.7%。

表1-3　日本絕對貧困率的變化（單位：%）

	1996 年	1999 年	2002 年
1 級地區之 1	11.2	13.4	15.7
3 級地區之 1	7.5	9.1	10.8

出處：根據厚生勞動省「收入再分配調查」得出的計算結果

　　另外一個是「3 級地區之 1」，也就是適用於地方小城市和城鎮居住人口的標準，以此標準計算，得出貧困率在 1996 年是 7.5%，1999 年是 9.1%，2002 年是 10.8%。

　　由以上數值可知，自 1996 年到 2002 年期間，無論「1 級地區之 1」還是「3 級地區之 1」，其貧困率都在上升。這就可以說，在此期間，日本的絕對貧困率是在上升的。

　　前文提過，貧困標準是因地而異的，「1 級地區之 1」和「3 級地區之 1」之間也有差距。因此無法得出嚴格的貧困率數值。但是日本的平均貧困率應該在「1 級地區之 1」和「3 級地區之 1」這兩個貧困率之間。那麼就可以推算出，平均貧困率在 1996 年是約 9%，在 1999 年是約 11%，在 2002 年是約 13%。曾有人推算過 1975 年與 1980 年日本的貧困率，分別是 6.78% 與 6.20%（曾原利滿，《低收入家庭與最低生活保障》，收錄於社會保障研究所編《福利政策的基本問題》，東京大學出版會，1985 年）。可見，即使與過去的推算值相比，現在的貧困率也已經很高了。

其次，調查實際接受最低生活保障的人數，也是研究絕對貧困的方法之一。日本接受最低生活保障的低保戶數量的變化情況如圖1-3所示，1996年有61萬戶，2004年有100萬戶，2005年有105萬戶 (每年度中平均每月的低保戶數)，可見低保戶數顯著地增加了。

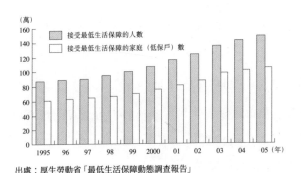

出處：厚生勞動省「最低生活保障動態調查報告」

圖 1-3　接受最低生活保障的個人以及家庭 (低保戶) 的數量變化

從這些數據可知，日本社會雖看似富裕，但是收入在生活保障基準線以下的人數在實實在在地增加，真正不接受最低生活保障就無法維持基本生活的人數也在實實在在地增加。

零儲蓄家庭和個人破產

從儲蓄方面推算絕對貧困的情況也是可行的。也就是說，通過計算零儲蓄家庭的佔比來推算。從1990到2005年的15年間，零

儲蓄家庭顯著增多（圖1-4）。從70年代到80年代後期，零儲蓄家庭佔比始終在5%上下移動，可是到2005年就急劇上升為22.8%了。零儲蓄就是僅靠收入不足以維持基本生活，積攢的錢也全都用在了吃飯上。或者說是竭盡全力才勉強夠生活，完全沒有結餘用來儲蓄的狀態。因此，可以說零儲蓄家庭的經濟狀況是極其嚴峻的。從這一分析可以判斷，貧困問題日益嚴峻，格差正在擴大之中。

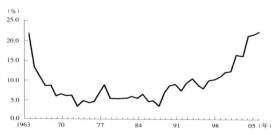

出處：金融廣報中央委員會「關於家計金融資產的輿論調查」

圖1-4　零儲蓄家庭（2人以上）佔比

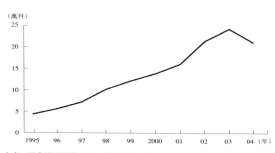

出處：最高法院總辦公室《司法統計年報》

圖1-5　個人破產申請件數變化

另一方面，個人破產也在增多。破產通常用於企業經營失敗時，而現在也適用於家計，是可以讓家庭暫緩償還借款的制度。由1995年至2004年個人破產申請件數變化圖（圖1-5）可知，1995年為4萬件，2003年達到峰值24萬件，增長了5倍。可見，經濟上無以為繼的家庭急劇增多。

沒有存款，並且負債纍纍，最終只能申請個人破產的人數的增多，更加證明了貧困情況的嚴重。

流浪人員數目

另一個計算絕對貧困的指標是流浪人員的數目。流浪人員數目的增長是一個重要的參數，下面將作簡單介紹。

在各類智庫的問卷調查中，面對「你覺得日本的格差正在擴大嗎？」的問題，七八成被訪日本人都做出了肯定回答。也就是說，有大半的日本人認為格差正在擴大。之所以大多數日本人會做出這樣的回答，理由之一是因為他們目睹了下述現象。一是經營風險投資企業成功的企業家或「六本木新城一族」所代表的、前所未有的超級富豪湧現出來；一是在街上能看到的流浪漢明顯增多了。

我認為，受這兩個現象的刺激，人們意識到貧富的格差在擴大。因此，流浪人員數目到底如何變化就成了重要的參數。

例如，東京都流浪人員數目變化圖（圖1-6）顯示，東京的流浪人員由90年代末的3,000人增加到2000年左右的6,000人，翻了一番。這是貧困者增多的有力證據。

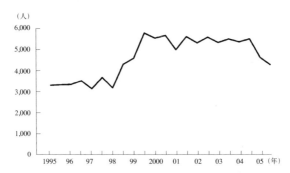

註：1995年只有2月實施了調查，1996年以後都是每年在2月和8月實施調查。
出處：東京都調查

圖1-6　東京都流浪人員數目的變化

只是，若仔細讀圖則會發現，流浪人員數目在2004開始減少。這是東京都推行自立支援政策的結果，所以流浪人員數目稍微減少也是可以理解的。換言之，實施減少流浪人員數目的各類政策，能夠產生顯著效果。因此對於貧困，多少還是有必要採取一些應對措施的吧。

日本貧困率在發達國家中位於第三

接下來看看相對貧困。如前文所述，相對貧困關注的是經濟狀況比他人差多少，這種方法是進行國際比較時的重要指標。

貧困標準因不同國家的社會和經濟狀況不同而差異巨大，所以無法用絕對貧困來進行國際的比較。在進行國際比較之前，有必要先統一貧困的定義。將一個國家中，收入在該國平均收入（更準確的說法應該是「收入中位數」）的 50% 以下的人口定義為貧困人口。這樣定義之後，就能以各國通用的標準計算出貧困率，增加了國際比較的可信賴性。下面列出的 OECD 調查也是根據這一定義算出了貧困人口在國民中所佔的百分比，即貧困率。

目前日本的貧困率在國際上處於何種水平呢？正如媒體報道的那樣，OECD 的調查揭示了一個驚人的事實（表 1-4）：日本的貧困率為 15.3%，

表1-4　OECD各成員國的貧困率（單位：%）

國家	貧困率
1 墨西哥	20.3
2 美國	17.1
3 土耳其	15.9
4 愛爾蘭	15.4
5 日本	15.3
6 葡萄牙	13.7
7 希臘	13.5
8 意大利	12.0
9 澳大利亞	11.9
10 西班牙	11.5
11 英國	11.4
12 紐西蘭	10.4
13 加拿大	10.3
14 德國	10.0
15 奧地利	9.3
16 波蘭	8.2
17 匈牙利	8.1
18 比利時	7.8
19 法國	7.0
20 瑞士	6.7
21 芬蘭	6.4
22 挪威	6.3
23 荷蘭	6.0
24 瑞典	5.3
25 捷克	4.4
26 丹麥	4.3
OECD 全體	10.7

註：國名前面的數字表示的是貧困率由高到低的排名。

出處：OECD（2004），同前文表格出處

在 OECD 成員國中高居第五位。第一位是墨西哥的 20.3%，第二位是美國的 17.1%，第三位是土耳其的 15.9%，墨西哥和土耳其都還不算發達國家。因此，除去這兩國，僅看發達國家的話，美國第一，愛爾蘭第二，第三就是日本了。OECD 全體的平均貧困率是 10.7%。丹麥、瑞典、挪威、芬蘭等北歐國家的貧困率都處於 4%~6% 這一極低的範圍。因此可以說，日本的貧困率在國際範圍來看已經處於非常高的位置。

接下來看看相對貧困率上升的演進過程 (表 1-5)。日本的貧困率由 80 年代中期的 11.9% 增長到 2000 年的 15.3%，可謂增長率極高。而其他國家，比如美國，則是始終在一個較高水平上推移。歐洲的德國和英國也在上升，法國沒有太大變化。

表1-5　五大發達國家的貧困率變化（單位：%）

	20 世紀 80 年代中期	20 世紀 90 年代中期	2000 年
美國	17.9	16.7	17.1
日本	11.9	13.7	15.3
英國	6.9	10.9	11.4
德國	6.4	9.1	9.8
法國	8.0	7.5	7.0

出處：東洋大學教授駒村康平根據 OECD 貧困率調查製作

因此，從絕對貧困和相對貧困均可看到日本的貧困狀況，即貧困人群的數目已經十分龐大了。

四、難以體現在統計數據中的格差問題

統計無法體現的富裕階層實態

前文用了各種統計數據分析了擴大中的格差問題。對於經濟學者來說，使用統計數據進行分析，得出結論，這是理所當然且極其重要的。但是另一方面，有時也必須清楚認識到統計本身存在局限性。大家稍微想想就會明白，生活在日本社會中的很多人是不在統計範圍之內的，並且計算本身也必然存在誤差。

其中，還有在統計意義上存在缺陷的階層。這樣的階層有兩個代表，一是富裕階層，即有錢人。這裡指的是坐擁數十億日元資產，或是有數億日元收入的超級富豪。這些富豪中的很多人連自己都未必能準確地知道自己有多少收入和資產，畢竟數十億資產要計算起來十分困難。因此，這些人的收入和資產在統計中會呈現誤差較大的缺點。

此外，富豪向政府繳的稅也數額巨大。其中存在偷稅者，那麼也會有想要合理避稅者。因此，使用稅收統計數據來估算富豪的收入和資產時，可以想像有很多少報的情況。所以，可以說在統計意義上，關於富豪的數據都是誤差很大的。

消失在統計中的貧困階層

除富裕階層外，貧困及生活困難的人也很難體現在統計數據中，因為他們常被統計遺漏。比如流浪人員，圖 1-6 顯示的雖然是東京都的情況，但是並不能做到準確把握實際狀況。以「收入再分配調查」為首的任何調查都無法將流浪人員納入調查樣本，因為他們居無定所，調查員無法調查。

再看看一人戶。假設一名來自福岡縣的大學生現居京都，但是沒有辦理住民票（居住登記）變更手續，檔案上還顯示他住在福岡。那麼調查就將在福岡進行，而不是在該學生實際居住的京都進行。具體而言，該學生是一人戶，但在調查中很可能被視為福岡的某家庭中的一名成員。此外，對於醫療機構和老人院中的病人和老人，無法調查他們的收入的可能性極大。如果老年人已經罹患認知障礙症，那麼調查就更困難了。

可見，社會上存在很多難以納入調查範圍的人，而且，不得不承認的是，其中以低收入者居多。

綜上所述，針對富豪與貧困人口的統計分別存在偏差。富豪的實際收入非常高，但數字中體現的收入卻比實際的低。貧困人口中也一定有貧困狀況更嚴峻者，但他們卻不會體現在統計樣本中。因此，可以推測：如果能正確採集這兩類人群的數據，並根據其正確

的收入進行計算的話，也許貧富格差的實態將比現有統計數字所體現的更嚴峻吧。當然這只是推測，而想要調查具體存在多少誤差是極其困難的。

統計是過去的數據

除上述問題外，統計數據還有其他問題。常有人指出，收入分配的相關統計都是幾年前的數據。比如「收入再分配調查」最新的也是 2002 年的數據，接着將要公開的是 2005 年的數據，可是現在已是 2006 年 7 月了 (指本書日文原版的成書時間)，卻還未見公佈。因此，連我最信賴的「收入再分配數據」也存在時間滯後問題。

另外，致力於國際比較的 OECD 調查，其數據是 2000 年的，而該數據的調查發佈則晚至 2004 年。這就意味着我們對統計數據進行的整理和分析有四年的延遲。該如何去理解這四年之中實際發生的事情與既有統計數據所呈現出的情況間存在的差異呢？這只能交給具體的研究者自行判斷了。

從收集統計資料一方來說，數據採集是十分困難且耗時頗多的工作。從採集數據到整理，最後到發佈結果，有較長時間的延遲也是無法避免的。

所以，如何才能正確把握當下發生的事情呢？看來無論如何，都有其無法克服的邊際。也就是說，我們只能分析過去的數值，然

後補充各種要素、進行類推，此外別無他法。

可見，統計是存在各種局限性的。關於格差的數據自然也有局限性，我們在使用時必須加以甄別，仔細把握。

五、格差只是表面現象嗎？

指出「不平等」會刺激政府

前言中已經提到，圍繞着格差問題存在着一種新的爭論。其契機是 2006 年 1 月內閣府公佈的見解，認為格差擴大不過是統計上的表象而已。

看到內閣府的這一言論時，我想到了另一件事。當時我已經研究了 2004 年公佈的 OECD 調查數據，其中包括過去 30 年來發達國家收入分配不平等程度的研究報告。1976 年，經濟學家馬爾科姆·索耶 (Malcolm Sawyer) 出版了有關 OECD 調查的報告，報告中指出世界發達國家中收入分配最不平等的國家是法國。彼時的日本則與北歐各國一樣屬於分配平等程度較高的國家。這份報告頗具影響，向世界宣告了日本收入分配的平等性，日本政府也時常將其用於本國

宣傳。

而法國政府則對該報告表示震驚，向 OECD 提出了抗議，質疑該統計方法，表示法國不可能是世界發達國家中收入分配不平等程度最高的。

我更關注法國為何抗議。似乎各國政府被指出收入分配不平等程度較高時，都會心生不悅，也都希望國民認為自己所處的是一個平等程度很高的國家。時任法國總統的季斯卡·德斯坦的抗議恰恰說明，指出一個國家不平等程度高會刺激該國政府。

今天的日本也一樣。面對格差擴大的批評，日本政府矢口否認，其動機與多年前法國政府的動機相同。我時常懷疑，政府是否不願意國民知道格差在擴大。

話雖如此，可是小泉首相身為政府領導，都反問「格差社會有何不好」，那麼服務於首相的官僚機構自然也沒有特地去否定格差社會的必要了。

「格差表象論」忽視了甚麼？

關於內閣府的「格差不過是表象」的論調，下面我將做一下具體驗證。

內閣府為支撐上述論調展示了各種證據。第一，日本社會的少

子老齡化現象正在不斷發展，原本老年人口的貧富格差就大，屬於收入格差較大的人口。格差擴大的表象，不過是因為日本步入老齡化社會而導致貧富格差本來就較大的人口比例增多罷了。第二，日本的家庭構成發生了變化。一個家庭中負擔家計的人數減少，一人戶增多。一人戶的主要構成為老年一人戶和青年一人戶。與雙職工等由多名家庭成員構成的家庭的家計相比，一人戶的收入較少。一人戶的比例上升造成了統計數據上看似格差擴大的假象，並非真的是貧富懸殊在擴大。

我認為內閣府的說明本身沒有謬誤。人口老齡化和一人戶比例上升的確導致了貧富差距擴大。所以，我無意否定這些證據本身。

但是，我想做如下反駁：老齡化趨勢以及一人戶的增多意味着老年一人戶的增多。雖然第三章第一節將會對此進行詳述，但即使僅從調查結果簡單地看，也能發現老年一人戶中的貧困人群數目已經非常多了。

如果真如內閣府所言，這不過是少子老齡化帶來的表象而已，那麼如何看待這些日益增多的貧困老年一人戶問題呢？要將生活困難的人口正在增加這一事實當作「表象」而無視之嗎？對於我的反駁，內閣府還未做出回應。

社會保障網與格差之間的關係

後文將會詳述，日本社會中由政府構築的社會保障網規模正在縮小。社會保障網，簡單說來就是對陷入不幸的人，除了其自身儲蓄和家庭支援外，還有失業保險、最低生活保障、醫療保險、護理保險等以多種形式支付的社會保障。社會保障網有家庭、政府、企業及個人等多種承擔者，本書主要關注其中政府所扮演的角色。

由政府構建的社會保障網的規模無論在質還是量上都在近 10 到 15 年來呈現縮小趨勢。社會保障網規模變小意味着各類收入保障政策在收縮，這將導致人們收入下降，貧困人群增加。政府一方面推行縮小社會保障網的政策，另一方面卻主張「實際的格差沒有擴大」，實在是自相矛盾。推行助長格差擴大的政策，同時又主張在統計中未見格差擴大，難道不是行不通的嗎？這也佐證了政府的見解有失妥當。

應公佈權威數據

前文提過，政府對於格差擴大的說法極為敏感，於是又開始解釋說現在正處於經濟復蘇期，並拿出一些容易獲得的近期統計數據，顯示失業率下降了，有效用人需求與求職人數的比率升高了，

用來説明收入格差的擴大勢頭已經在縮小。

不過，如果近期的失業率數據真的足以支撐政府的主張，那麼希望等到有關收入的數據公佈出來以後，政府以事實為依據展示一下收入分配的平等化程度。政府拿出的某些間接性數據很難讓人信服。

另外，若説到近期的數據，就在本書寫作期間，「國民生活基礎調查」2005 年版的數據公佈，這是「收入再分配調查」的基礎數據。關於全部家庭和老年家庭的堅尼係數參照表 1-6，其中顯示，兩者 2003 年到 2004 年的堅尼係數都呈現上升趨勢。這裡的收入是再分配前收入，無法與「收入再分配調查」中的再分配後收入直接對比，但顯而易見的是，即便使用近期的數據，就再分配前收入來看，收入分配的不平等化仍處於進行時。

表1-6　全部家庭和老年家庭的年收入金額堅尼係數變化

年度	全部家庭	老年家庭
1994 年	0.3918	0.4464
1997 年	0.3954	0.4309
2000 年	0.3997	0.4159
2001 年	0.3965	0.3957
2002 年	0.3986	0.4192
2003 年	0.3882	0.3906
2004 年	0.3999	0.4131

出處：厚生勞動省「國民生活基礎調查」

但是，經濟在 2005 年與 2006 年出現復蘇是事實。因此，如果政府的主張真是正確的，格差已停止擴大，且有縮小趨勢，那麼我雖然認為格差擴大是個大問題，但也覺得可喜。

第二章　探求「平等神話」破滅的原因

第一章中使用了各種數據，用來驗證了今天日本社會中的格差現狀。結果顯示，與以往相比，日本的收入分配不平等程度在加劇，特別是貧困層嚴峻的經濟狀況也可從數據中窺見一斑。為甚麼格差會像這樣擴大呢？本章將探求其中的原因。

一、長期不景氣，失業率上升

經歷戰後第二高的失業率

日本社會格差擴大的原因有很多，其中之一是長期不景氣。自1990 年至 2005 年，日本已經持續 15 年經濟不振。

受此影響，失業率持續上升 (圖 2-1)。在此之前的失業率在 2% 上下，進入長期不景氣以來，曾一度達到 5.5%，這是戰後第二高的失業率。不過，近期失業率稍有下降，讓人頗感高興。所謂失業者，極端地說，就是收入為零的人。因此，失業率越高，貧困階層越擴大，格差也隨之擴大。

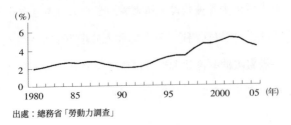

出處：總務省「勞動力調查」

圖 2-1　失業率變動趨勢

失業者的兩個定義

失業率按照不同的計算方法有兩個定義。一是由政府發佈的所謂「公表失業率」，這就是將過去一週完全沒有工作且在認真求職的人，定義為失業者，然後以此計算出的失業率。政府每月公佈一次該數據。

另外，還有別的計算方法。因為來自政府的公表失業率有一個重要條件，就是失業者在認真求職。但有時即便求職也找不到工作，很多人就此放棄了，經濟不景氣時這種情況很常見。例如，可以想像：一個人雖有工作意願，但是最終放棄出去工作而選擇了家庭，專職照顧家人。這些人通常被稱為「潛在失業者」。隨着經濟不景氣日益加劇，潛在失業者的數量自然也會增多。因此在考慮低收入人群時，不僅要看公表失業者，也要考慮潛在失業者。

如上所述，失業者有兩個定義，必須將兩者都放入考察的視野。

若將公表失業者與潛在失業者相加（儘管女性的潛在失業率比男性的高）以後計算失業率，那麼依我自己的計算，將得到超過 10% 的失業率。那就可以理解為，日本的潛在失業率高達公表失業率的兩三倍。

考察失業問題的另一個重點是失業的持續時間。隨着經濟不景氣的持續，失業者的失業持續時間也會延長。當然，即便經濟景氣時，也會有人失業。但是，當經濟景氣時，失業者能很快找到新工作，而當經濟不景氣時，很難再就業。因此，需要特別指出的是，日本經濟 15 年來長期不振，長期失業的失業者人數甚眾。比如 2001 年，有 31.1% 的男性失業者持續失業時間超過 1 年，而女性失業者的這一數字是 17.6%。這足以說明情況是多麼嚴峻（表 2-1）。

表2-1　不同年齡段的男、女完全失業者的失業時間（單位：%）（2001年）

男性	3 個月以下	6 個月以下	1 年以下	1 年以上
合計	34.2	13.0	21.2	31.1
15~24 歲	44.1	14.7	20.6	20.6
25~34 歲	40.8	10.2	16.3	30.6
35~44 歲	37.5	12.5	25.0	25.0
45~54 歲	34.5	13.8	20.7	31.0
55 歲以上	19.6	12.5	23.2	42.9

女性	3 個月以下	6 個月以下	1 年以下	1 年以上
合計	47.2	17.6	16.8	17.6
15~24 歲	58.6	13.8	17.2	10.3
25~34 歲	52.6	18.4	10.5	18.4
35~44 歲	47.6	19.0	14.3	19.0
45~54 歲	33.3	19.0	28.8	19.0
55 歲以上	31.3	18.8	25.0	31.3

出處：總務省《勞動力調查特別調查報告書》

二、就業中擴大的格差

非正規雇傭增多

雇傭機制的變化也是格差擴大的重要原因。近些年來，日本的雇傭機制急劇變化，給格差帶來了巨大影響。變化之一就是非正規 (雇傭) 勞動者的數目急劇增多。非正規勞動者中也包含各種形態。具有代表性的是兼職工，按照每小時的報酬 (通常要低於正規勞動者) 從事短時間的勞動。還有臨時工，也就是規定兩個月或是半年左右的雇傭期，結束後即解聘。雖然有時候期滿後也會延期，但依舊屬於不穩定的就業形式。還有人力派遣方式——在人力派遣公司登記之後，用人企業如果有需要，派遣公司就將勞動者派遣到用人企業，從事短期勞務。附帶說一下，自由職業者有些是兼職工，有些是臨時工。

非正規勞動近來出現了「偽裝外包」的問題：將原有的勞務派遣工轉換為「外包工」，以此逃避《勞動法》，節約勞務費。

現在非正規勞動者的數目增長迅猛。從圖 2-2 可見正規勞動者與非正規勞動者的人數變化情況。1995 年正規勞動者為 3,779 萬人，非正規勞動者為 1,001 萬人。而到了 2005 年，正規勞動者為

3,374 萬人，非正規勞動者為 1,633 萬人。10 年間，正規勞動者減少了約 400 萬人，而非正規勞動者增加了約 630 萬人。我認為，這是格差擴大的主要原因。為甚麼這麼說呢？

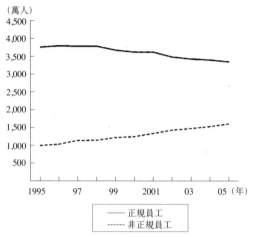

出處：總務省「勞動力調查」

圖 2-2　不同形態雇員數變化情況

第一，非正規勞動者與正規勞動者之間在時薪上存在差距。非正規勞動者的報酬極低，雖說不同統計中呈現出若干差異，但總體說來只有正規勞動者的六至七成。

第二，兼職工等非正規勞動者的勞動時間較短。本來時薪就低，加之一個月內的勞動時間短，因此工資低於正規勞動者的工資。

第三，非正規勞動者的雇傭極不穩定。臨時工和人力派遣工在

勞務期滿後，如果找不到下家，就會即刻淪為失業者。也就是說，非正規勞動者隨時都可能陷入無業和無收入狀態。

可見，非正規勞動者原本工資就低，加之工作不穩定，其人數的增多必然會導致格差擴大。

非正規勞動者為何增多？

為何近年來非正規勞動者增多？有四個主要原因。

第一，是經濟不景氣的影響。經濟不景氣，企業自然想儘一切可能降低勞務成本。從企業角度來看，多雇傭廉價的非正規勞動者也就意味着降低勞務成本。

第二，非正規勞動者大多未納入社會保險制度，這對企業來說十分有利。社會保險制度中包括失業保險（日本稱為雇傭保險）、厚生年金、醫療保險。以失業保險為例，每週工作 20 小時以上，且雇傭合同期在 1 年以上者才能加入失業保險。因此，很多人無法滿足這一條件，也就無法加入失業保險。從前述的非正規勞動者的定義來看，他們本身就被攔在這個門檻之外，所以多數人無法加入失業保險。

厚生年金也是一樣，需要每週的勞動時間達到全勤時間的 3/4 以上才能加入。也就是說，勞動時間不足全勤時間的 3/4 的人無法

加入厚生年金。醫療保險則有組合健保和政府健保等許多種。如果一個家庭的戶主加入了保險，那麼其妻子兒女這些被撫養人也可以隨同戶主一起加入保險。就是說，被撫養人不加入自己所在公司的醫療保險。而社會保險費是企業和勞動者各付一半，因此被撫養人所在公司就沒有義務負擔其社會保險費中單位需要負擔的部分。不過，如果該被撫養人的年收入超過 130 萬日元，就需要獨自加入醫療保險。因此，有的勞動者有意控制勞動時間，以使年收入不超過 130 萬日元。另一方面，企業有時也為了免去單位負擔的保險費用，積極配合勞動者縮短勞動時間。所以說，非正規勞動者不用單位負擔社會保險，因此頗受企業青睞，這也是非正規勞動者增加的原因之一。

第三，非正規勞動者解雇起來十分簡單。企業陷入經營蕭條時，首先解雇的就是容易解雇的非正規勞動者，以此來降低勞務成本。正規勞動者則不能輕易解雇。雇傭非正規勞動者對企業來說是個經濟實用的方便選擇。

第四，企業都有忙的時候與閒的時候，尤其是服務業。比如餐廳是午餐和晚餐時間忙。那麼，兼職工只在午餐和晚餐時間工作，對企業來說就十分合適。

不得不選擇非正規就業的現實

從企業角度來看，雇傭非正規勞動者存在各種好處。不過必須指出，這絕非企業單方面的原因。青年和已婚女性中也有人主動要求從事兼職工和臨時工的工作。不少女性由於孩子小，需要照顧家庭，無法或不願全勤工作。也有些老年人出於體力上的考慮更傾向於短時間勞動。還有的青年願意享受自由，不願意成為正式員工後被剝奪自由時間。

但是，在此需要強調的一個現實問題是，很多人想要全勤工作，但企業出於自身的打算而不願意雇傭正式員工。其結果就是，勞動者雖非自願，卻不得已淪為非正規勞動者。如何應對這樣的現實，是一個重要的課題，而這將在第四章中詳述。

放寬管制與非正規就業

關於非正規勞動者增多，還需要介紹一個論點：勞動市場管制放寬。現在，針對勞動市場的管制正在進一步放寬之中。比如可以雇傭勞務派遣工的行業增多了，對派遣時間的要求也大幅放寬了。結果，企業雇傭以勞務派遣工為主的非正規勞動者變得容易起來。有人藉此指出，是放寬勞動市場管制導致非正規勞動者劇增。的

確，放寬勞動市場管制使非正規勞動者增多了，這是事實。

但是當思索格差擴大問題時，我認為勞動市場管制放寬這個原因並沒有這麼重要。與勞動市場的管制放寬相比，毋寧說整個市場層面的管制放寬，亦即市場准入自由化，才是使格差擴大的主要原因。

舉個清晰易懂的例子：出租車行業。原本政府規定了不同地區的出租車數量，近年來，這樣的限制卻被廢除，個人和企業都可以進入該行業了，結果出租車的數量劇增。但是打車的人並未顯著增加，於是導致每輛車的營業額下降，出租車司機的收入也隨之減少。近年來出租車司機的年收入減少得厲害，這是有統計確認的。我的判斷是，去除了市場准入壁壘，讓任何企業都有了做生意的機會。這樣的管制放寬是與工資的格差擴大密切相關的。

推進出租車行業管制放寬的一方認為，增加出租車數量可以降低打車費用，有利於普通消費者的利益，或者，增加出租車司機的數目也可以降低失業率。這種主張提到的益處，和出租車司機的收入下降這一弊端相比，究竟是利大於弊，還是弊大於利，這是不能簡單下判斷的。只是，如果要評論降低失業率的施政效果，與其去計算通過增加出租車數目而創造出的就業機會，恐怕去計算其他行業增加的就業機會才是正當的吧。

無償加班令就業崗位縮減

前文重點介紹了非正規勞動者。但是另一方面，正規勞動者本身也出現了新的問題，這也是非正規勞動者增多的重要原因。這個問題就是無償加班問題。對於標準工作時間外的勞動，企業常常不支付報酬。有舉報稱，電力公司等高公益性的一流大企業近來都有無償加班的現象。

無償加班當然是違法行為。但是現在跳槽很難，所以當公司提出無償加班的要求時，員工忍氣吞聲為公司做貢獻的念頭就會佔據上風。員工有時還覺得如果同意無償加班，會給管理層一種吃苦耐勞的印象，能夠早日獲得晉升的機會。

如果能夠嚴令禁止無償加班行為，企業就會給正規勞動者支付加班費，或者雇傭新人從事這部分工作。換言之，讓正規勞動者無償加班也就減少了新雇員工的可能性，這也是非正規勞動者只增不減的重要原因。

經濟復蘇能否消除就業格差？

本章第一節中介紹了經濟不景氣使失業率上升，並導致收入分配不平等程度加劇的情況。現在日本經濟已經處於復蘇期。很多發

達國家或多或少都經歷了經濟好轉後收入分配不平等程度得到緩解的過程。那麼日本如果持續復蘇、經濟好轉，是否就業格差會自然縮小呢？我認為未必。首先，經濟復蘇只體現在一部分大企業中，並未惠及地方和中小企業——這種說法不絕於耳。另外，即便經濟復蘇，也無法期待非正規勞動者能搖身一變，成為正規勞動者。也就是說，我預測，企業是不會輕易增加正規勞動者人數的。下文將對此進行具體論證。

一些跡象的確表明經濟已經復蘇，但是企業在雇傭新人之際，普遍選用應屆畢業生。舉個例子，2006年經濟出現復蘇跡象，同年3月畢業的應屆畢業生就業狀況很好，大學本科畢業生中就業率達95%，高中畢業生就業率達92%。可是，企業會把兼職工和自由職業者轉換為正規勞動者來雇傭嗎？顯然不會，理由如下。

第一，前文提過，企業經歷了長達15年的不景氣，已經充分嘗到了雇傭非正規勞動者的甜頭。企業認為，如果正規勞動者人數增加，勢必會增加勞務費用。非正規勞動者的雇傭人數可增可減，十分方便，企業不願意喪失這一優勢。因此我認為，企業增加雇傭勞動力主要是增加應屆畢業生，而對於以往的非正規勞動者還是會維持現狀。

第二，關於自由職業者，企業有種明顯的用人傾向，就是對於曾是自由職業者的人，企業不願雇傭他們為正規勞動者。不少企業

認為甘於做自由職業的人是欠缺吃苦精神的，或者是工作熟練程度遠遠不夠。在這種觀念之下，企業很難積極雇傭自由職業者並將其轉換為正規勞動者。2006年企業管理者團體進行的問卷調查結果顯示，回答會雇傭自由職業者為正規勞動者的大企業僅為兩成。本來，日本社會中新員工的教育和培訓都是由企業來做，而由於經濟長期不振，企業已經沒有充裕的資金來教育和培訓自由職業者。因此，很難期待企業能將自由職業者轉換為正規勞動者。

綜上所述，即使經濟復蘇，也很難期待非正規勞動者的數目下降能消除就業格差。

三、收入分配機制的改變

「中央集權主義」的工資決定方式已經日趨無力

日本格差擴大的另一個主要原因是收入分配機制——特別是工資決定方式發生了變化，接下來我們就要論述這些變化。收入有很多構成要素，最重要的構成要素就是工資。日本社會中，決定工資的方式在較長時期內發生了變化，這也是格差擴大的主要原因。

以前，日本的工資由「春門方式」決定，即每年春天，各個行業都有企業管理層代表和行業工會代表進行談判：工會代表會提出「去年生產率擴大了這麼多，所以該給我們漲這麼多工資」這樣的要求，然後雙方代表討論決定當年的工資。

在經濟學中，將春門這種由勞資雙方代表決定全體工資的方式稱為「中央集權主義」的工資決定方式。很多資本主義國家採用這種做法。德國、荷蘭及北歐各國都是由勞資代表統一談判，有時政府代表也會參加，來決定該國的整體工資水平。贅述一句，由於這種工資決定方式已經在荷蘭扎根，還衍生出一種稱為「work sharing」(工作分擔) 的創意，而這將在第五章第二節中詳細說明。

與「中央集權」相對的是「分權化方式」，這種方式並非自上而下決定工資，而是各個企業自行決定員工工資漲幅。按此邏輯再進一步，就變成了甚至不是各個企業的工會代表與公司管理層談判並決定工資，而是由每個員工直接與公司管理層交涉並確定工資，這在分權化方式中也是特殊的，叫作「個別工資決定方式」。

日本的春門方式在最近 10 到 15 年間已經趨於崩潰。不少人認為，分權化方式已經被普遍採用，春門已經終結，我也認為日本的工資決定方式正處於分權化的進程中。但是，今天的日本普遍採用的還是由各個企業的工會代表與管理層代表談判決定工資的方式。

分權化方式中，採用個別工資決定方式的代表性國家是美國和

英國。日本的企業管理層中也有越來越多的人認為應該轉向採用個別工資決定方式。

工資決定方式的分權化帶來的變化

工資決定方式由中央集權主義轉向分權化意味着甚麼？接下來我將從三個現象説明。

第一，業績好的企業和業績差的企業之間的格差會變大。採用中央集權主義時，按照行業類型決定工資，無論企業的業績好壞，只要在一個行業內，就能期待一刀切式的工資漲幅。而在分權化方式下，各個企業擁有決定權了，那麼業績的好壞就決定支付工資能力的高低，於是工資就會出現差距。在業績差的企業工作的人工資自然會下降。

企業的規模也影響着企業間的格差。放眼現在的日本，大企業普遍效益好利潤高，而不少中小企業則陷入業績低迷的境地。因此，工資決定方式的變化也在一定程度上導致了企業規模不同所帶來的工資格差的擴大。

第二，個人之間的格差。無論是分權化方式還是其中的個別工資決定方式，在同一個企業中，業績好壞的個人之間都會形成工資上的差距。現在很多日本企業開始採用這樣的方式。

第三，除了企業之間和個人之間的格差，首都和地方間的收入差距也在擴大。今天日本企業在首都的業績較好，在地方則業績不振。換言之，不景氣的企業多半都在地方，因此在地方工作的員工平均工資較低。

年功序列工資的意義

工資決定方式的變化還體現在，近年來引入了成果主義工資。而此前，日本企業多用年功序列決定工資。年功序列工資就是按照勞動者的年齡和在企業工作的時間長短來逐步提升工資的方式。戰後不久，電力產業率先採用了年功序列工資方式（又稱為「電產型工資」），隨後在其他行業和企業中普及。

年功序列工資的初衷是讓員工得以維持基本生活。所謂基本生活，就是指人隨着年齡的增長，開銷勢必會增多，要蓋房，要投資子女的教育，要撫養的家庭成員也會增多。按照年功序列方式，無論員工能力如何，都會隨着年齡增長而加薪，從某種程度來說也是一種平等待人的做法。

基本生活費的概念在當時的日本有一定的影響力，也是受到了馬克思主義的影響。因為馬克思主義認為在決定工資時應當支付勞動者生活必需的數額，這是剛性需求。

由於戰後日本的貧困，年功序列方式在日本企業中普及後，較好地發揮了作用。因為國家整體貧困，沒有能力根據勞動不同支付不同的工資，只能平等對待。

　　這種平等還有另一層用意，就是使全體員工齊心協力，眾志成城。因為一旦工資有高有低，就難免有人心生不悅，可能會有人消極怠工。所以我認為，當年有一種共識：年功序列方式能夠充分調動整體的勞動熱情，是適合日本企業組織形式的。

引入成果主義工資

　　經歷了高速發展期後，日本富裕起來了，開始出現不滿於年功序列和基本生活費做法的人，尤其是一些努力工作的人和有能力的人認為，平均主義讓自己無法漲工資。而且從高速發展期開始，企業的支付能力提升了，可以給努力的人和有能力的人提供更高的工資和更快的晉升渠道了。勞動者中也開始萌生出一種意願，為獲得高額工資就要更加努力工作。因此近 10 年來，很多企業都開始引入能力主義和成果主義工資。

　　英美的很多企業也採用成果主義工資，為的就是優待那些有能力和努力的人，以此提高他們的工作熱情，從而提升公司業績。信奉成果主義的日本企業家和支持成果主義的勞動者也在增多。一旦

採用成果主義，勞動者之間的工資格差必然擴大。採用成果主義的企業越多，工資的格差越大。這也是現在收入格差擴大的重要原因。

很難建立公正的評價制度

我並不認為能力主義不好。前文也提過，以前企業沒有能力按勞動者的能力支付報酬，所有人都貧困，所以只能一視同仁。現在全勤工作的正式員工即便工資再低，也不至於難以糊口。因此，能力和績效不同而產生工資上的格差，這本身是存在經濟合理性的。

但是要肯定成果主義工資是需要條件的，即需要有健全的公正評價勞動者所做勞動的制度。但是目前日本企業尚未建立這種公平的評價制度。其結果是，很多企業的成果主義工資不過是流於形式。

成果主義工資的失敗案例已經出現。眾所周知，富士通率先採用了成果主義工資，但因出現了各種問題而不得不調整工資制度。

稅收累進度下降

關於收入分配機制的變化，前文分析了工資，下面我們來看看稅制。繳多少稅和社會保險費，決定了再分配後收入的多少。過去20年間，日本所得稅的累進度一直在下降。所謂累進度，一言以蔽

之，就是高收入的人多繳稅，低收入的人少繳稅。

從圖 2-3 可知，所得稅的最高稅率在 1986 年為 70%，此前還達到過 80%，現在則下降到 37%，稅率的降幅接近 1986 年的一半。所得稅率的降低讓稅收累進度下降，簡單地說，日本已經採用了一種有利於高收入者、不利於低收入者的稅收制度。

除所得稅外，繼承稅也面臨同樣的情況。以前是繼承了較多資產的人需要繳納高額的繼承稅，現在繼承稅中的累進度也降低了。所得稅和繼承稅累進度的降低是再分配後收入格差擴大的重要原因。

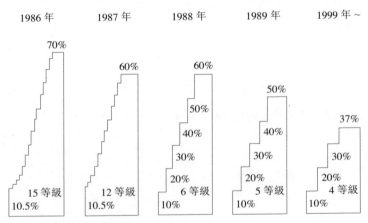

1986 年   1987 年   1988 年   1989 年   1999 年～

註：(1) 在上述所得稅之外還有地方稅
　　(2) 1999 年以後實施所得稅 20% 減稅

圖 2-3　所得稅率的變遷

政府之所以降低所得稅和繼承稅的累進度，是為了回應高收入和高資產人群的不滿。例如，所得稅太高會打擊高收入者的工作熱情，高繼承稅會讓擁有高額資產的人無法將企業、土地和金融資產留給子女，等等。

社會保險費的逆進性

社會保險費是構成收入分配機制的重要元素，通常具有逆進性。比較高收入者和低收入者會發現，高收入者的社會保險費負擔相對較輕，因為採用的是定額保險費制度。比如國民年金，每個人支付的都是 13,860 日元定額，完全沒有考慮收入的多少。這就是逆進性。社會保險費的逆進性也是擴大收入格差的重要原因。

日本近 10 年來一直在增加社會保險的保險費，即增加繳費數額，減少給付金額。社會的確開始面臨少子老齡化問題，為保證未來社會保障的穩定性，實施這種政策也是迫不得已的。但我認為，這種政策已超出「迫不得已」的程度，正在拉大收入差距，並且情況已經極為嚴峻。對此問題，我在第五章第六節中還將進行詳述。

四、結構改革的問題所在

結構改革與戴卓爾、列根改革

在本章最後，我想談談小泉內閣一直致力於推進的結構改革與格差之間的關係。很多經濟學者雖承認格差擴大的事實，卻認為這與結構改革無關。當真如此嗎？先說結論，我認為結構改革助長了格差的擴大。收入格差早在小泉內閣推行結構改革之前，從 80 年代開始就在持續擴大了。因此我不認為結構改革是格差擴大的根本性原因。但是放寬管制和促進競爭的結構改革政策容許和助長了格差的擴大。

結構改革的某些部分值得贊同，因為的確盤活了經濟。但是從格差角度來看，依然存在很多問題。思考這些問題時，可以參考並對比 20 世紀 70 年代後期到 80 年代初期英國戴卓爾首相和美國列根總統進行的經濟改革。因為小泉內閣的結構改革與這兩個經濟改革存在共通之處。

戴卓爾首相和列根總統於 20 世紀 70 年代後期到 80 年代初期進行的改革堪稱力挽狂瀾，其內容包括：1. 利用市場原理，放寬管制，促進競爭，提高經濟效率；2. 實施大幅減稅政策，防止高稅政

策打擊企業和個人的投資熱情及儲蓄熱情，避免因資本不足而無法投資設備的情況；3. 調整福利政策，英國素來以「從搖籃到墳墓」的充實福利政策著稱，但是福利政策太過於充實，人們就會不思進取，於是大幅削減了福利投入。

上述三個政策在經濟學中稱為「供給側經濟學」，與小泉內閣推行的結構改革口號中提到的「從官到民」「從中央到地方」的精神相通。

列根和戴卓爾的政策在重建經濟方面大獲成功，但同時也引發了兩個現象。一是收入分配的不平等化程度加深，國民的收入格差擴大。以美國為例，1960 至 1969 年是所有收入階層的收入都在上升，而 1980 至 1989 年則是低收入層的收入減少 (圖 2-4)。二是減稅政策的結果是陷入嚴重的財政赤字中。特別是美國政府的財政赤字與國際收支赤字並稱「孿生赤字」，已經陷入了極其嚴峻的狀況。我認為，相同的情況也發生在當下的日本。

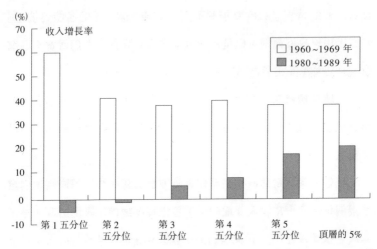

(%)

收入增長率

70

60 ☐ 1960~1969 年
50 ■ 1980~1989 年
40

30

20

10

0

-10

第 1 五分位　第 2　　　第 3　　　第 4　　　第 5　　　頂層的 5%
　　　　　五分位　　五分位　　五分位　　五分位

註：五分位指的是按照收入低至高排序，以每 20% 作區分。第 1 五分位是底層的 20%，第 5 五分位是頂層的 20%。上圖可見，1960~1969 年，位於底層的 20% 收入提高了，而 1980~1989 年，這部分人的收入降低了。

出處：Klassen, S.「Growth and well-being」, Review of Income and Wealth, vol. 40, 1994, pp. 251-72

圖 2-4　從列根時代（1981~1989）不同收入階級的收入增長看分配不平等化

結構改革正在助長格差

前文已述，日本的結構改革也有值得肯定的地方。一是成功處理了不良債權。泡沫經濟崩潰後，銀行等金融機構的不良債權急劇增加，很多金融機構破產，甚至發生連鎖破產的情況。政府很快實

施了不良債權處理對策，已經取得了某種程度的成功，這也成為此後經濟復蘇的催化劑。二是削減了地方公共事業投入。此前的日本社會由中央政府向地方撥款，將修建橋樑、道路、港灣等當作公共事業來實施。這的確對地方經濟有所貢獻，但是在公共事業中，以高速公路和橋樑為代表的鋪張浪費的項目也很多，且破壞了各地的自然環境。在「從中央到地方」的口號之下進行的削減投入舉措是值得肯定的。

儘管結構改革中有值得肯定的地方，但仍包含各種問題。尤其是面對格差擴大不積極採取辦法阻止、反而助長其擴大這一點。

就像第一章中已經介紹過的，收入分配不平等化程度加劇，貧困人群數目增長迅猛。對此，日本政府非但未積極採取應對方針，領導層還不以為然，甚至將錯就錯，揚言「格差有何不好」。2006年秋季組閣的新內閣（註：指2006年9月就任的安倍晉三內閣）將如何應對該問題，實在惹人關注。

面對日益嚴峻的財政赤字，日本政府正在削減支出，但是削減的內容存在問題。政府大幅削減的是社會保障支出，以此實現削減公共支出、消除財政赤字的目的。而日本的社會保障支出已經是世界發達國家中的最低水平了（參照第五章第七節），再削減社會保障支出只會進一步擴大格差，讓貧困層的人數繼續增多。

下一章會提到，現在各地區之間的格差也極為嚴峻。政府對

此也沒有積極的作為。前文提過，削減無謂的公共事業是值得肯定的，但不應忘記公共事業中還包含扶植和促進地區就業的一面。削減公共事業也會引起地方崗位減少、低收入人群增多，引發地區間的格差。在削減無謂的公共事業的同時，也需要扶植地區的政策來取代公共事業。然而「從中央到地方」的口號後面，聽到更多的還是中央政府逃避責任的心聲。

市場原教旨主義和新自由主義

結構改革容許和助長了格差，在其背後驅動的是怎樣的思想和原理呢？結構改革是以市場原教旨主義為其哲學基礎的，在這一點上，前文提到的列根和戴卓爾的經濟改革也是一樣。簡單地說，市場原教旨主義認為，只要將一切問題交給市場解決，經濟就會變好。也可以用「新自由主義」這個說法。英語還稱其為「libertarianism」（自由至上主義），全面放寬管制也是基於此原則。

與市場原教旨主義、新自由主義相對立的概念是重視公共政策的主張，其代表性理論為凱恩斯經濟學。凱恩斯提倡混合經濟的概念，認為應該實施官民結合的經濟，官指政府，民指民營企業。

然而在近年來的經濟學中，凱恩斯已然顯得過時，信奉市場原教旨主義、新自由主義的新古典派經濟學來勢洶洶，凌駕在凱恩斯

經濟學之上。米爾頓‧傅利曼、馮‧哈耶克等經濟學家影響力巨大。

與市場原教旨主義、新自由主義相對立的概念還有重視平等互助的主張，英語稱為「liberalism」，即自由主義，其代表是 20 世紀的哲學家羅爾斯。他認為對社會來說，自由是根本，不過，「給處於最不幸中的人提供福利，是施政之本」，這也被稱為羅爾斯的「差別原則」。

在自由主義和自由至上主義這兩個對立的主張中，日本今後將採用哪一個？這是關乎日本未來的重要抉擇。

注重經濟效率能讓整個社會富裕起來是一種幻想

與列根和戴卓爾的經濟改革一樣，小泉內閣的結構改革着眼於如何提高經濟效率。為了提高經濟效率，積極引入競爭原則，無視結果的平等性，認為即使不平等化程度加劇也無妨。他們認為，經濟效率提高就意味着蛋糕能做大，社會整體變富裕，最終能恩澤底層人群。要促進競爭就不能看結果平等，而要注重機會均等，在競爭中敗下陣來的人只要倚仗社會保障網即可。

講到這裡，我想介紹一則有意思的插曲。如前文所述，《日本的經濟格差》出版時，議論紛起。1999 年 11 月 7 日的《讀賣新聞》以「論陣論客」為題，同時刊載了採訪我和採訪竹中平藏的文章。

時任慶應義塾大學教授的竹中平藏後來進入內閣，負責推動結構改革。時過六年，重讀他當時的發言，感覺意味深長。

他當時評價處於格差擴大趨勢中的日本社會，稱「正從極端的平等社會走向普通的社會」，「重要的一點是，讓跑得快的人放開了步子跑，這樣才能提高全社會的利益」，「要重視機會均等」，對於結果的不平等，他認為「也需要讓敗者復活的機制，換言之，就是社會保障網」。他當時的這些言論，恰恰是結構改革的鮮活詮釋。

我也是當代經濟學者之一，認為靠競爭提高經濟效率是重要的。但是經濟效率的提高卻不一定能提高社會整體的利益。在當下的美國和日本，做大的蛋糕並不會惠及底層，只會被上層獨享。也就是富裕的人更加富裕，貧困的人更加貧困。「winner-take-all model」，即「勝者全得理論」最能說明這種狀況 —— 即使競爭提高了經濟效率，結果也只會是勝者拿走全部勝利果實。

不過，如果國民同意這樣一種政策，讓「勝者」(即高收入者) 以繳稅等再分配形式將其高收入的一部分分給「敗者」(即低收入者)，那麼也不該全盤否定「winner-take-all model」，而應該允許這種提高經濟效率的政策。關鍵是國民之間能否達成這樣的共識。具體來說，國民希望採用何種程度的稅制和社會保障，並且期待這樣的保障制度帶來怎樣的再分配效果呢？國民需就此問題達成共識。

但是看看當下的日本，情況又是如何呢？本章第三節中講了，

税的累進度持續下降，高收入者和高額資產持有者受到優待。社會保障費在持續增加，給付金額卻在不斷削減。可以説，在今天的日本社會，通過提高經濟效率讓全社會變富的想法接近天方夜譚。

後文將會詳述的日本社會保障網已經處於世界最低水平，而現在的結構改革還要一再削減社會保障網。主張結構改革的人口口聲聲説為了「敗者復活」，將會充實社會保障網，現在做的卻是背道而馳的事。

第三章 格差進行時

——日本社會正在發生甚麼？

前文通過統計數據驗證了日本社會格差正在擴大，並論述了格差擴大的原因。那麼，由於格差的擴大，日本社會正在發生甚麼具體的變化呢？本章就將驗證格差擴大的具體實態。

一、新貧困層

各年齡段的貧困者

第一章提到，所謂的格差擴大，具體來說就是富裕層和貧困層之間的差距擴大。富裕層和貧困層現在分別發生着甚麼變化？這是十分重要的問題。首先，我們看看貧困層發生的變化。

第一章已經指出，日本的貧困人口數近十幾年來增長迅猛。下面將從幾個角度看看究竟現代日本社會中的貧困人口都是哪些人。

第一，看看不同年齡段的貧困率。第一章介紹的 OECD 調查比較了不同年齡層的貧困率 (表 3-1)，即同一年代的人口中貧困人口所佔百分比。

表3-1　日本不同年齡段的貧困率（%）

年齡	貧困率	佔比
18~25 歲	16.6	8.9
26~40 歲	12.4	14.9
41~50 歲	11.7	10.3
51~65 歲	14.4	19.4
66~75 歲	19.5	16.4
76 歲以上	23.8	12.7

出處：OECD (2004)，同前

由上表可知，76 歲以上人口的貧困率高達 23.8%，其次是 66~75 歲之間的人口，貧困率為 19.5%。可見，日本老年人口的貧困率很高。僅次於老年人口的貧困人群是青年，18~25 歲之間的貧困率為 16.6%，情況雖不似老年人口嚴峻，但也算是高貧困率了。貧困率最低的是中年，41~50 歲之間的貧困率為 11.7%。從各個年齡段來看，中年的貧困率不算高。但是鑒於 70 年代和 80 年代的平均貧困率只有 6%~7%，這個數值也不能說低。

不同家庭構成類型的貧困率

第二，關注家庭構成，分析貧困人群。家庭構成有核家庭（即小家庭，指由一對夫婦與未婚子女組成的家庭）、三世同堂家庭、母子家庭、老年一人戶等多種類型。我使用「收入再分配調查」(參照第一章第一節)，計算了不同家庭類型的貧困率 (表 3-2)。這裡的貧困定義用的

是相對概念，即等價可支配收入 (考慮到家庭成員人數後計算出的人均收入水平。可支配收入是扣稅後的實際收入) 在中位數的一半以下即被定義為貧困。用這個概念來看，全部家庭的貧困率在 1995 年為 15.2%，2001 年為 17.0%，6 年間上升了近 2 個百分點。

按照家庭類型來看，貧困率最高的是母子家庭。母子家庭的貧困率在 1995 年為 55.3%，2001 年為 53.0%，可見，一半的母子家庭都處於貧困之中，這樣的結果令人震驚。數字清晰地呈現出一個事實，就是母子家庭的生活狀況十分嚴峻。現在日本離婚率上升，因此母子家庭數也在上升，單身母親既要工作還要獨自養育子女，在日本社會中，這樣的生活殊為不易。

貧困率僅次於母子家庭的是老年一人戶。OECD 的調查中顯示，按照不同年齡統計貧困率後發現，老年人中，以一人戶的貧困率為最高，1995 年為 47.9%，2001 年為 43.0%。由表中數據可知，近一半的老年一人戶處於貧困狀態。

再來看看老年人 2 名以上家庭，即家庭構成為老年夫婦的情況。結果顯示，1995 年，兩名以上老年人家庭的貧困率為 21.7%，2001 年為 20.5%，是老年一人戶的一半以下。因此，僅就老年人口而言，夫妻二人都健在的老年家庭陷入貧困的概率並沒有那麼高。反過來，不跟子女住在一起的老年夫婦，如果一方先去世，鰥寡老人陷入貧困的危險性就很大。

表3-2 不同類型家庭與以戶主年齡段區分的家庭的貧困率變遷（單位：%）
（貧困線=等價可支配收入中位數的一半）

	1995 年貧困率	2001 年貧困率
全部家庭	15.2	17.0
家庭類型		
核家族（3 名子女以上家庭）	12.9	8.9
核家族（2 名子女家庭）	6.7	7.3
核家族（1 名子女家庭）	10.4	8.5
核家族（無子女家庭）	10.0	10.8
一人戶（老年人家庭以外的）	20.0	26.9
老年人 2 名以上家庭	21.7	20.5
老年一人戶	47.9	43.0
母子家庭	55.3	53.0
三世同堂家庭	8.5	8.4
其他家庭構成	16.9	20.1
戶主的年齡層		
29 歲及以下	20.7	25.9
30~39 歲	9.3	11.3
40~49 歲	11.3	11.9
50~54 歲	9.5	11.5
55~59 歲	10.0	12.6
60~64 歲	15.5	16.0
65~69 歲	17.0	19.4
70 歲以上	31.6	25.3

出處：根據「收入再分配調查」1996、2002 年統計數據計算得出
　　　1995 年的貧困線（Poverty Line）為 142.0
　　　2001 年的貧困線（Poverty Line）為 131.1

註： (1) 老年人家庭指的是家庭成員中只有 65 歲以上的男性和 60 歲以上的女性，或者同時有 18 歲
　　　　以下未成年人的。核家庭和一人戶家庭中都不包含老年人家庭。

　　　(2) 三世同堂家庭指三代以上直系親屬和戶主共同生活的家庭。

　　　(3) 上表中的數字摘自橘木俊詔、浦川邦夫著《日本的貧困研究》（東京大學出版會，2006）。

說到老年人，除了老年一人戶、老年人 2 名以上家庭，還有三世同堂家庭，也即老年夫婦與他們的成年子女及孫輩同居的家庭。三世同堂家庭的貧困率在 1995 年為 8.5%，2001 年為 8.4%，保持在較低水平。

　　然而今天的日本社會中，這類老年夫婦和子女同居的家庭在減少，三世同堂的佔比不大，反倒是老年夫婦同住和老年人獨居的家庭數量增多。因此，分析老年人家庭的具體類型十分重要。我認為，貧困層中的老年一人戶問題最為嚴峻。

　　接下來看看核家庭。上表中的核家庭未包括老年人家庭，主要為中年的核家庭。沒有孩子的核家庭的貧困率在 1995 年是 10.0%，2001 年是 10.8%。與全國整體貧困率相比要低 5 到 7 個百分點。有孩子的核家庭的貧困率也不算太高。在今天的日本社會中，夫妻二人都工作的情況並不少見。在這種情況下，即便夫妻中的一方失業，靠另一方的收入也不至於淪為貧困。或者丈夫的收入很高，妻子根本不必工作。因此核家族的貧困率相對較低。

嚴峻的青年貧困率

　　本節的開始部分分析了 OECD 調查中不同年齡層的貧困率。而表 3-2 還顯示了以戶主年齡段區分的不同家庭的貧困率。從中

可知，29 歲以下青年的貧困率在 1995 年為 20.7%，2001 年為 25.9%，70 歲以上人的貧困率為 31.6% (1995) 和 25.3% (2001)，都在較高水平。因此，從該表中可以看出，青年的貧困情況十分嚴峻。即使從變化的角度來看，從 1995 年到 2001 年增加了 5.2 個百分點，也可以說青年的貧困率近年來是在顯著上升的。

造成母子家庭貧困的主要原因

由以上可知，按照不同家庭類型和不同戶主年齡來看日本的貧困，貧困率較高的家庭是母子家庭、老年一人戶和青年人。接下來我們具體看看他們為何貧困率高。

母子家庭的貧困率高有以下幾個主要原因。首先，母親即便想工作也很難找到崗位。一個人既要工作，又要育兒，很多時候無法全勤工作。而且在成為母子家庭之前，很多母親都沒有工作，只是全職太太，因此在求職過程中很難找到工作。即便找到工作，也多半是低收入勞動。

前文已述，日本離婚率在上升，結果是母子家庭的數量持續增加。母子家庭陷入貧困的概率很高，如果今天這樣的高離婚率長期持續，母子家庭的貧困人數將會繼續增多。

造成老年一人戶貧困的主要原因

接下來看看老年人的貧困。前文已述，老年一人戶中多有配偶已故、一人獨居的情況。通常情況下女性的壽命較長，而且夫妻中妻子一般都比丈夫年輕，因此很多家庭都是老年女性一人戶。

為甚麼這些人會貧困？很多老年女性一人戶是靠「遺族年金」生活的。遺族年金制度是由妻子繼承已故丈夫所持有的養老金權利，接替丈夫繼續領取養老金。但是遺族年金並非支付丈夫能領取的全額，而是按照一定比例，支付丈夫養老金的幾成，所以老年妻子的收入自然會減少。如果丈夫的養老金原本就很低，那麼遺族年金數額將會極低，這就可能讓老年妻子陷入貧困。

還需要指出的是，很多 70 歲以上的老年人是沒有養老金的。在現在的老年人年輕或中年時，尚未實現國民年金制度的全覆蓋。特別是對於個體戶，與公司職員不同，他們根據自身意願加入國民年金，這就造成了其中很多人沒有加入，或者加入時間過短，因此有很多人是無法領取養老金的。

除了以上原因外，還有一個原因就是家庭結構的變化。以前老年人和成年子女一起生活，有子女照顧。即便不住在一起，子女按照慣例也會給年邁的父母匯生活費。但是現在核家庭增多，給父母匯錢的子女也少了。可以說，家庭內部的經濟援助減弱了。

造成青年貧困的主要原因

我認為，青年貧困率上升的最大原因在於日本經濟不景氣。在長時間經濟不振的影響下，青年的失業率上升，現在依然保持 9% 左右的高失業率 (圖 3-1)。青年的高失業率意味着有很多沒有收入的青年。通常情況下失業者在失業後可以領取失業保險。但是青年工作年限短，在失業時能領取的失業保險的數額十分有限。還有些人是高中或大學畢業後從未能就業，這類失業者根本就未加入失業保險，無法領取失業保險。可以說，很多青年既沒有工作，能領取的失業保險數額又很低，或是甚至根本沒有失業保險。

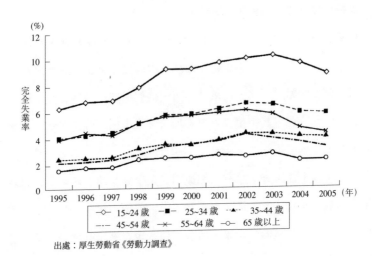

出處：厚生勞動省《勞動力調查》

圖 3-1 不同年齡段的完全失業率的變化

此外，現在的青年中有不少人都是非正規就業勞動者，其代表就是自由職業者。由圖 3-2 可知，自由職業者的平均年薪多在 100 到 110 萬日元區間，以及 200 到 250 萬日元區間。可以說，自由職業者中出現了兩極分化，有些人收入非常低，而另一些人的收入還過得去。自由職業者的平均年薪在 140 萬日元左右。

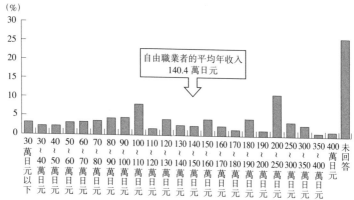

註：抽樣調查範圍為首都圈 50km 內（東京都、神奈川縣、千葉縣、埼玉縣、茨城縣），對象為 18~34 歲的男女委託員工、合同工、派遣工、兼職工和小時工（學生除外）。
出處：Recruit Works 研究所《非典型勞動者調查 2001》

圖 3-2　自由職業者的年收入分佈狀況

　　平均年薪 140 萬日元除以 12 個月，大約每月不足 12 萬日元。不足 12 萬日元的收入足以支撐一個人獨立生活嗎？我覺得十分困難。青年中的自由職業者增多，意味着難以獨立生活的青年貧困層在增多。如果再有需要其扶養的家屬，不難想像事態將是何等嚴

峻。換個角度看，憑這個收入結婚都很困難。關於自由職業者，我將在第四章第三節中詳述。

二、低收入勞動者意味着甚麼？

日本最低工資標準太低

第二章第二節中介紹了日本就業市場中的低收入非正規勞動者增多的情況。上一節介紹了低收入人群中的青年自由職業者。探討低收入勞動者的問題對於研究今天的貧困和格差問題十分重要。在此我想從最低工資制度的角度考察低收入勞動者的問題。2004 年出版的拙著《從家計看日本經濟》(岩波新書) 中談及最低工資，由於它對於研究今天的格差十分重要，本書中也略作說明。

所謂最低工資標準，就是法律規定不得支付低於該標準的工資。幾乎所有發達國家都實行最低工資標準，因為如果工資過低，生活難免窘迫，為了保障勞動者的最低生活也需要支付高於某一金額的工資。

日本的最低工資標準存在很大的問題。表 3-3 中比較了 OECD

各國中的最低工資標準，由該表可知，日本的最低工資標準在九國中排在倒數第三。從最低工資標準與平均工資的佔比來看，日本是倒數第一。從最低工資標準以下收入的勞動者比例來看，日本是倒數第二。在這三個指標中，與其他發達國家比較可知，日本的最低工資標準制度非常落後。

表3-3　各國的最低工資標準（1997年，單位：英鎊）

	根據購買力平價算出的每小時最低工資	最低工資標準與全勤工資中位數的比例 (%)	收入低於最低工資標準者的佔比 (%)
比利時	4.56	50	4
加拿大	3.80	40	5
法國	3.97	57	12
日本	2.41	31	10
荷蘭	4.27	49	4
紐西蘭	3.18	46	1
葡萄牙	1.65	—	5
西班牙	2.10	32	2
美國	3.67	38	5

出處：Metcalf, "The Low Pay Commission and The National Minimum Wage", The Economic Journal, vol. 109, 1999, pp. F46-F66

最低工資標準最高的是比利時，日本約為其一半。最低工資標準與平均工資的比例最高的是法國，而日本的這個比例只達到法國的 54%。此外，收入低於最低工資標準者佔比高達 10%。就是說，原本最低工資標準已經過低，還有約一成的人連最低標準都無法達

到。這說明，保障國民最低生活標準的《最低工資法》未發揮作用，很多人不得不過着連最低水平都得不到保障的生活。

有份數據反映出了日本最低工資標準存在的問題。表 3-4 比較了最低生活保障制度的給付金額和根據《最低工資法》計算出來的月薪金額。對比可知，最低工資要低於最低生活保障給付金額。

表3-4　最低工資與最低生活保障給付金對比（2002年度，單位：日元/月）

	最低工資	最低生活保障給付金	差額
東京（23 區）	123,520	163,970	-40,450
神戶	117,760	163,970	-46,210
仙台	107,644	156,590	-48,946
那霸	105,376	149,200	-43,824

註：　(1) 該最低工資標準假定平均每月都以全勤工作為前提。最低生活保障依據的是「標準家庭」（33
　　　　　歲男，29 歲女，4 歲子女）。
　　　(2) 也有人認為最低工資標準是支付給個人的，而最低生活保障是付給家庭的，無法比較。但是
　　　　　領取最低工資的勞動者很多是有家屬的，不能一概而論。固然雙職工家庭的收入較多，生
　　　　　活費也會上升。因此在比較最低收入標準和最低生活保障制度時要甄別各類情況。但不論
　　　　　如何，本文中提到的最低工資標準過低幾乎是不爭的事實。
出處：本書作者根據厚生勞動省的統計計算

最低生活保障制度的金額設定考慮了維持最低水平的生活所需的保障。最低工資標準低於這一金額，就意味着這個工資不足以維持生存。而且，領取最低生活保障金的人絕大多數是不工作的，另一邊領取最低工資的人卻是勞動者。這就意味着，切實勞動着的人竟然比不勞動的人收入還少。這是不合常理的，應該儘早採取對策。

低收入勞動者有哪些人？

工資少於或等於最低工資標準的低收入勞動者都是哪些人呢？相對於正規勞動者，非正規勞動者更容易淪為低收入勞動者。第二章第二節中已經講過，正規勞動者與非正規勞動者之間存在格差，就是因為非正規勞動者的收入被壓得很低。我認為，其中女性和青年的狀況尤為嚴峻。

首先看看非正規勞動者中女性佔比較高的兼職工，來驗證我的上述論點。表 3-5 對比了 2001 年不同行業工資低於最低工資標準的勞動者人數和佔比，分別統計了普通勞動者和兼職工的情況。普通勞動者中，最低工資標準以下收入者佔全行業的 1.271%，數值極低。而兼職工中的最低工資標準以下收入者則佔到全行業的 6.181%，約為普通勞動者的 5 倍之高。可以認為，收入在最低工資標準以下的兼職工數量極多。特別是製造業，將最低工資標準定為 664 日元時佔到 11.1%，定為 758 日元時為 33.1%，佔比極高。前文已述，兼職工中多半為女性。因此可以得出結論，女性兼職工中有超過 10% 的人收入在最低工資標準以下。

接下來看看青年。表 3-6 是青年 (17 歲以下，18~19 歲，20~24 歲) 的工資分佈狀況。他們的工資基本分佈在兩個範圍：99,900 日元 / 月以下和 119,900 日元 / 月以下。前者無疑應視為最低工資標準以

下者，後者則是既包括了工資在 99,900 日元 / 月以下者，又包括了 99,900 日元 / 月到 119,900 日元 / 月區間者，因此其中既包含工資在最低工資標準以下也包含在最低工資標準以上的人。

表3-5　不同行業中收入少於等於最低工資標準的
普通勞動者和兼職工所佔比例（2001年）

	最低工資（日元）	勞動者人數（人）	收入少於等於最低工資標準的人數（人）	收入少於等於最低工資標準的人數佔比（%）
普通勞動者（10 人以上）				
全行業	664	20,884,200	265,356	1.271
製造業 (758)	758	6,550,370	244,032	3.725
製造業 (664)	664	6,550,370	94,357	1.440
批發、零售、餐飲業	664	3,583,060	28,563	0.797
服務業	664	5,777,000	58,294	1.009
兼職工（10 人以上）				
全行業	664	4,333,560	267,867	6.181
製造業 (758)	758	804,510	266,594	33.137
製造業 (664)	664	804,510	89,127	11.078
批發、零售、餐飲業	664	2,153,120	144,786	6.724
服務業	664	1,116,650	46,424	4.157

出處：本書作者根據厚生勞動省「工資結構基本調查」中的數據統計製表

表3-6　青年的工資分佈（2001年）（括號內數字為百分比）

		年齡分佈		
		17 歲以下	18~19 歲	20~24 歲
統計人數（男女）		617	23,128	196,922
工資標準（千日元）	~99.9	44（7.1）	107（0.5）	591（0.3）
	~119.9	137（22.5）	611（2.6）	2,482（1.2）
統計人數（初中學歷的男性）		504	957	3,437
工資標準（千日元）	~99.9	35（6.9）	24（2.5）	11（0.3）
	~119.9	104（20.5）	49（5.1）	64（1.9）
統計人數（初中學歷的女性）		113	265	698
工資標準（千日元）	~99.9	8（7.1）	5（1.9）	21（3.0）
	~119.9	32（28.3）	58（21.9）	110（15.8）
統計人數（高中學歷的男性）		—	12,299	53,325
工資標準（千日元）	~99.9	—	18（0.1）	154（0.3）
	~119.9	—	269（2.2）	560（1.1）
統計人數（高中學歷的女性）		—	9,607	35,835
工資標準（千日元）	~99.9	—	60（0.6）	259（0.7）
	~119.9	—	235（2.4）	1,210（3.3）
統計人數 10~99 人（男女）		489	8,835	66,476
工資標準（千日元）	~99.9	32（6.6）	62（0.7）	341（0.5）
	~119.9	96（19.6）	320（3.5）	1,280（1.9）

出處：本書作者根據厚生勞動省「工資結構基本調查」中的數據統計製表

由表中可知：第一，年齡極小的勞動者中有很多收入低於最低工資標準。17歲以下的被調查人中，至少有7.1%在最低工資標準以下，按照最大估算將達到22.5%。18到19歲之間的被調查人中至少有0.5%在最低工資標準以下，按照最大估算將達到2.6%。20到24歲之間的被調查人中至少有0.3%在最低工資標準以下，按照最大估算將達到1.2%。第二，從不同學歷和男女區分來看，初中學歷的女性中，即便是在18到24歲區間，最低工資標準以下收入的勞動者佔比也略高。

為何低收入勞動者中女性和青年居多？

　　為何工資少於或等於最低工資標準的勞動者中女性和青年居多呢？一般認為有以下幾個原因。第一，女性的平均工資要比男性的平均工資低很多。第二，我們已經多次提過，女性和青年多為兼職工，兼職工的平均工資要比全職員工的低很多，而且兩者的差距還在持續擴大。第三，如前文所述，日本仍普遍採用年功序列工資，青年的工資原本就被壓得很低。

　　更重要的是，政策上未考慮如何提高女性和青年的低工資狀況。社會上總認為女性和青年的工資雖低，但也不至於無法生活，沒有意識到問題的嚴重性。

具體來說，人們認為女性中絕大多數兼職工都是已婚人士，主要依靠丈夫的收入支撐家計，只要丈夫的收入穩定，兼職工的工資低點也無妨。還覺得青年可以依靠來自父母的經濟援助，生活不至於陷入無法維持的窘境。

　　但是，關於女性和青年的上述認識現在已經有失妥當。上一節中已經提到，現在日本的離婚率或未婚率正在上升，一旦成為母子家庭，陷入貧困的可能性極高。在收入少於或等於最低工資標準的狀況下，女性單憑兼職工工資是很難生活的。而且，若還有兒女待撫養，那生活就更加困難了。

　　青年如果始終依賴父母支援，也會喪失學會自立的機會，而要自立生活，就必須有保障其生活的最低工資。

與失業相者比，非正規勞動者已經不錯了？

　　關於低收入勞動者還有另外一種觀點。面對增多的低收入非正規勞動者，有人認為是長期的經濟不振讓企業很難雇傭很多員工，所以一方面減少正規勞動者，另一方面增加非正規勞動者。第二章第二節中已經提到，非正規勞動者的數量正在增加。這樣一來，被解雇的人，本來會變成失業者，現在卻有機會成為非正規勞動者繼續工作了。非正規勞動者固然不幸，但是相比失業還是不幸中的萬幸。

然而事實是否如此呢？在分析最低工資標準時我們已經提過，全體國民都有權利過上充實的物質生活和健康的精神生活，這個道理顯而易見，根本無須搬出憲法加以說明。當本人有工作意願且有工作單位時，就應該獲得生活所需的收入，過上有尊嚴的生活，這也是顯而易見的道理。因此，對於這種主張——認為非正規勞動收入雖低，但是比起失業已經不錯了，應該默默忍受，我認為並不妥當。特別是日本這樣的發達國家，更應該批判這種認識。

三、富裕階層發生的變化

哪些人構成了現在的富裕階層？

本章第一、二節介紹了貧困階層的現狀，也就是格差社會中底層的現狀。本節中將介紹頂層，即富裕階層的現狀。所謂富裕階層，具體來說是高收入者或大額資產持有者。我與森剛志在 2005 年合著出版了《日本的富豪研究》(日本經濟新聞社)，其中詳細調查了日本社會富裕層的現狀。本節中將借用該調查成果。

首先要給本節中介紹的富裕階層下個定義。國稅廳以前會持續

公佈一份《高額納稅者名簿》，現在已經不再公佈。其中將年納稅額在 3,000 萬日元以上的人稱為高額納稅人。只要知道納稅額，根據稅法逆推大致可以推測出一個人的年收入。一年的納稅額在 3,000 萬日元以上者，大致年收入在 1 億日元。因此本節中將富裕層定義為年薪在 1 億日元或 1 億日元以上的人。

從表 3-7 可知，今天日本社會中的高額納稅人即富裕階層包含兩種人，一種是企業高管，即高級管理層，除了社長、會長外，還包括副社長及下面的董事、監事等。從兩者的佔比來看，高額納稅人中的 31.7% 為社長和會長等高層，11.6% 為副社長及其下的董事。可見，43.3% 都是企業高管。

表3-7　高額納稅人的職業分佈（2001年）（單位：%）

	企業家	高管	醫生	律師	藝人	運動員	其他	全部
東京以外	33.3	13.9	23.4	0.3	0.3	1.1	27.7	100.0
東京	28.9	7.6	1.4	0.6	3.1	0.5	57.9	100.0
全部	31.7	11.6	15.4	0.4	1.3	0.9	38.7	100.0

出處：根據國稅廳《高額納稅者名簿》製作而成

另一種是醫生。醫生佔到高額納稅人的 15.4%。綜合這些數值可知，日本社會中六成左右的高額納稅人是企業高管和醫生。可以認為企業高管和醫生是富裕階層中的兩大職業。

除企業家和醫生外的高收入職業還有藝人和職業運動員，兩者

共佔 2.2%，律師佔 0.4%，其他佔 38.7%。「其他」中自然包含上述職業中的退休者。這些人通常在退休之後也持有股份等資產收入。另外，「其他」項中還包括擁有土地的人。靠地租和房租也可以躋身高收入者行列。

高收入行業的變遷

在今天的格差擴大趨勢中，富裕階層也發生着各種變化。我認為，這種變化又助長了格差的擴大。接下來將考察富裕階層發生了何種變化。剛才提到了富裕層中的兩大類，先看看其中的企業高管發生了何種變化。

首先一個大變化是富裕階層中的企業高管所從事的行業發生了改變。具體來説，就是哪個行業的企業高管成了富裕階層的問題。從戰後至今，可以説變化巨大。

在 20 世紀 60 年代的高速發展期，高額納税人都是製造業、建築業、商業和金融業的大企業高管。也就是説，支撐經濟高速發展的支柱產業的企業高管是當時的富裕層。

高速發展期結束，進入 80 年代以後，土木建築、百貨商場、大型超市、不動產和房產中介、銀行、鐵路、貿易公司等大企業高管更多地躋身到富裕階層中。這些企業中，既有高速發展期的支柱

企業，又有一些新的產業出現，比如大型商超、不動產和房產中介等服務業的企業高管開始躋身富裕層。

進入 21 世紀後，IT 和程序開發等信息通訊業、化妝品製造業、餐飲連鎖業、老虎機賭博行業、諮詢行業、消費者金融業、智庫、人才派遣業等行業的企業高管開始躋身富裕層隊列。可以看到，服務業越來越發展壯大。

可以說，富裕階層中的企業高管所在的行業呈現出了明顯的時代特徵。

打工族高管和創業型高管

第二個變化是企業高管的類型發生了變化。根據他們當上高管前的不同經歷，可以分為兩類。一類是被稱為「打工族高管」的類型。這類人到一家企業就職，從一名拿普通薪酬的職員開始一步步晉升，最後躋身高管行列。另一類是創業型老闆，他們自己創辦企業，從一開始就是創業企業的高管。

同樣都是企業高管，這兩種類型間存在巨大差別。打工族老闆在當上高管之前就是普通的工薪階層。創業型老闆中雖然也有做過一般上班族的人，但大多一開始就是以高管身份出現的。

戰後至今，富裕階層中出現了越來越多的創業型高管。在 60

年代的高速發展期，企業高管中幾乎清一色都是打工族高管。進入80年代以後，服務業中的企業高管增多，其中大多是創業型高管。進入新世紀以後，特別是在近年來備受關注的IT業，其高管多為創業型高管，富裕階層中的這一增長趨勢十分明顯。

企業規模的變化

第三個變化是企業的規模。以前，富裕階層中的高管所在的企業幾乎都是大企業。現在卻發生了巨大變化。很多初創企業規模很小，遠不及大企業。但是一旦獲得成功，這些小企業的高管就能獲得超越大企業高管的收入。

介紹一個典型的例子，2005年位居高額納稅人榜首的是在小規模資產運營公司工作的一名融資經理。這位經理只是普通員工，不是企業高管，他的躍居榜首，吸引了眾多媒體的關注。他所供職的公司是人數不多的小公司，而他憑藉超群的資產運營技巧，單靠收取中介費就賺取了一年100億日元的收入。可以說，這是個將個人能力和成果主義推崇到極致的典型例子。

高收入高管變化意味着甚麼？

今天的富裕階層備受媒體關注，社會存在感不斷提升，其重要原因是以活力門 (livedoor) 和樂天 (rakuten) 等企業為代表的 IT 業以及以 2006 年 6 月公司代表遭逮捕的村上基金為代表的投資公司的興起。投資公司的普遍做法是靠一輪又一輪的企業收購、交易股份和運作資產來獲取高收入。其老闆都是創業型老闆，很多在創立之初不過是數人規模的小企業都屬於金融 IT 或投資類的服務業。某種程度上可以説，他們中的很多人代表了今天的新鋭高收入高管。對比他們與以前的打工族高管，更能深刻理解企業中富裕階層發生的變化。

打工族高管都擁有共同的模板：畢業於名牌大學，畢業後就職一流企業，在晉升的道路上穩步前行，最終榮登公司高管之位。

這一過程有各種競爭，如升學、就業、晉升等，這些人在競爭中脱穎而出，過五關斬六將才獲得了企業高管的地位。

然而儘管打工族高管們費盡周折獲得了高地位，在收入上卻與普通員工差別不大。與之相對，美國的高管與普通員工之間動輒有數百倍的收入差距。

而今天的高收入高管又如何呢？因涉嫌違反《證券交易法》遭逮捕的活力門原社長堀江貴文一語中的。他説，與其進入一家大公

司，在晉升競爭中搏殺多年，50多歲才當上高管，還不如放棄那些無謂的競爭，趁年輕儘早創業。的確，他的收入數額巨大，遠非那些打工族高管所能及。可以說，這些高管的登場，也是拉開高管與普通員工收入差距的一個原因。

在他們的影響下，很多青年開始夢想創業，從一開始就自己當老闆。畢竟在升學、就業、晉升的競爭中過五關斬六將，到頭來也收入平平。不如不參與那些競爭，自己成就生意，賺取高額收入。想來，這也是正常的想法。

需要注意的是，今天的創業型老闆們一旦生意獲得成功，就能在短期內獲得巨大回報，但是，失敗的概率也十分高。活力門的堀江貴文、村上基金的村上世彰，都不過是媒體大肆渲染的一小撮成功人士。但即便是這些成功人士，最終還是因涉嫌違反《證券交易法》而遭逮捕，可見其風險之高。

是勞動者視角，還是資本家視角？

打工族高管在一家企業當了多年的普通員工，積累了豐富的經驗。而有的創業型高管或許也有在其他企業作普通員工的經驗，但基本上是獨自創業，一夜之間就成了老闆。我認為，這種差異多少決定了他們將成為怎樣的高管。

打工族高管有身為員工的經歷，某種程度上能夠理解員工的心思。所以，他們大多不能也不會給員工提過分的要求。

而創業型高管沒有身為員工的經驗，很多時候難以理解在自己企業工作的員工的心情和感受。因為他們從一開始就是以資本家，即管理層的視角看問題。他們容易只關心如何讓自己的企業和生意成功。活力門的堀江最為關注的不過是自己公司的市值上升，瞄準股價上升的時機，一個一個地收購兼併企業，這就是他所代表的創業型高管的企業經營方針。至於被兼併的公司員工會如何，他並不是很關心。換句話說，對員工的考慮很可能是放在第二位的。這樣，在進行裁員的時候就會毫不留情。

舉個一目了然的例子。2005 年，村上基金決定買斷阪神電鐵的股權。如果村上基金真的收購成功，就獲得了經營權。但是他們並沒有鐵路運營的經驗。或者說白了，他們真正關心的是不是鐵路事業都值得懷疑。這些人如果染指鐵路運營，其結果不堪設想。或許連鐵路作為公共設施的安全性都無法保證。

可見，以資本邏輯經營管理是存在種種風險的，有可能引發各種惡劣影響。

高管變化引發的人才配置危機

除上述內容之外，高收入高管的變化還帶來了其他影響，那就是日本人才配置的問題。前文已述，越來越多的青年已經不願在大企業工作，不願置身於殘酷的競爭中，更傾向於一開始就選擇自主創業。這就讓人不得不擔心，企業，特別是大企業很難再招聘到優秀的人才。

此前日本經濟的支柱主要是大企業。大企業致力於大量生產物美價廉的商品，不僅供給國內，還出口海外，支撐並發展了日本經濟。大企業需要雇傭大量員工，在創造就業機會方面貢獻很大。其代表就是豐田這樣的企業。由於聚集了優秀的技術人員和職員，才得以支撐日本的支柱產業，拉動日本經濟。

試想，如果優秀的青年都對大企業敬而遠之，只惦記着自主創業賺取高收入的話，結果會怎樣呢？企業將很難招聘到優秀的人才，日本經濟的支柱企業難免蒙上陰影，甚至導致這些企業生產效率下降。

而且，在今天的高收入高管所從事的行業中還有老虎機賭博業和消費者金融業。可以說，這些行業躋身高收入行業是近年來的一個特徵。但是仔細想想，將這些行業列入高收入行列的社會究竟能算健全的社會嗎？經濟不景氣，把大把的錢投向賭博的人卻增多

了，債台高築的人也增多了。如果優秀的人才都被「賺錢」的魅力吸引進了這些行業，不再選擇支撐支柱行業的企業，人才配置方面將出現嚴重問題，我對此深感憂慮。

當然，也並非絕大多數青年都因追求高收入而選擇創業。也有很多青年願意在企業兢兢業業地工作。讓這些青年生活有夢想，工作有追求，成為日本經濟的中流砥柱——只有這樣的勞資關係才能支撐日本經濟。

醫學部報考過熱現象

接下來讓我們看看醫生這個職業。這個職業也與企業高管一樣，在高收入榜上有名。前文提過，醫生在富裕階層中佔 15%。與其他職業相比，醫生的數量卻並不算多（2004 年約為 27 萬人）。這樣算來，就意味着只要當上醫生就能躋身富豪之列，概率極高。

不僅有社會地位，而且收入頗豐。這就吸引了很多人報名醫學部，形成了醫學部的報考熱，媒體對此也做過報道。現在一些大學有這樣一種現象，就是醫學部的招生最低分數線甚至高於其他學部的最高分。還有個現象，那就是「進學校」(指畢業生大部分都能考上名牌大學的高中) 的畢業生一窩蜂報考醫學部。比如神戶某「進學校」畢業生在東京大學理科 III 類 (醫學部) 的佔比為 23.3%，在京都大學醫

學部佔 21.6%。

　　上述現象說明，學力水平高的學生都集中到了醫學部。的確，醫生需要頭腦好、學力水平高的優秀人才。醫學知識總是需要更新到最前沿狀態。開發新的治療方法和研製新藥是救死扶傷，對於基礎醫學的發展也意義重大。

　　但是還要明確一點，報考醫學部的目的何在？為何要做一名醫生？這才是最為重要的。想要救死扶傷，應該是立志行醫的人最重要的動機。而今天的醫學部報考熱顯然動機不純。

　　有的人覺得醫學部比其他學部的偏差值 (指日本人對學生智力、學力評估的一項計算公式值。所謂「偏差」，是指相對平均值的偏差，偏差值越高表示學力水平越高。) 高，所以想報考。還有不少人完全是因為學習好、很優秀，父母或老師建議報考。還有的人就像前文說到的那樣，認為學醫很有可能成為有錢人，所以報考。

醫學部高人氣的背後

　　當下這種風潮存在幾個弊端。

　　第一，優秀的人全部集中在醫學部是存在問題的。毫無疑問，醫生之外的很多職業也需要優秀的人才。技術人員、學者、企業高管、律師等，不勝枚舉。由於醫學部的高人氣，讓優秀的人才無法

進入這些多元的領域，會給日本社會帶來負面影響。

還有些原本不適合從醫的人也有可能進入醫學部。前文已述，醫生無疑是需要有頭腦、學力水平高的優秀人才。但是絕不是有了這些，就一定能成為一個好醫生。比如外科手術，除了頭腦還需要手腳利落，體力要好，這些更為重要。而且，那些特別偏重學習的才子未必就能心懷慈悲地對待患者。

第二，醫院科室的人才配置上存在問題。醫生總數每年都在增加（表3-8）。而另一方面，有些科室的人員在減少，特別顯著的是產科、婦產科和兒科。這些科室的醫生負擔很重，還需要24小時高強度工作。儘管如此，與其他科室相比，收入卻不見得高。

還有一些明顯呈現增勢的科室，如美容外科和整形外科，除此之外還有精神科、神經內科、眼科和麻醉科等。在前述《日本的富豪研究》裡，我們調查了醫生中哪些科室的醫生是高收入者，結果發現，美容外科和眼科的很多醫生都是高收入者。

從醫生總體來看，人數最多的是內科和外科（2004年內科佔總人數的38%，外科佔13%）。但是這兩個科室人員增長幾乎是停滯狀態。這是因為內科和外科是性命攸關的重要科室，治療癌症和腦部的手術都在這裡，責任太過重大。

表3-8　不同科室的醫生人數變化

醫療機構	醫生人數（人）					
	1990 年	1994 年	1998 年	2002 年	2004 年	1990~2004 年增加率 (%)
從業人員	203,797	220,853	236,933	249,574	256,668	26
內科	87,012	91,756	96,513	99,196	98,232	13
兒科	34,603	33,506	34,064	32,706	32,151	-7
精神科	9,347	10,594	11,843	13,172	13,609	46
神經科	6,719	6,442	6,916	6,734	6,827	2
神經內科	3,675	4,560	5,121	5,726	6,075	65
外科	33,497	34,426	35,202	34,810	34,055	2
骨科	19,576	21,661	23,536	24,661	24,595	26
整形外科	1,586	1,859	2,328	2,856	2,961	87
美容外科	264	325	400	610	715	171
腦神經外科	5,269	6,000	6,523	6,978	6,996	33
兒科外科	1,077	1,000	1,109	1,197	1,146	6
婦產科	11,746	11,707	11,478	11,041	10,555	-10
產科	1,174	633	645	717	727	-38
婦科	2,539	2,161	2,302	2,522	2,633	4
眼科	9,485	10,565	11,751	12,797	12,778	35
皮膚科	13,205	13,525	14,417	14,929	14,866	13
麻醉科	5,949	6,902	8,139	8,819	8,981	51

出處：根據厚生勞動省「醫師、齒科醫師、藥劑師調查」製表

　　美容外科則很少有生命危險，還有高收入，所以短時間內就聚集了很多醫生。另一方面，婦產科、外科和內科的工作繁重，且伴隨着重大的風險，將來會出現醫生短缺。很多媒體都在報道婦產科醫生短缺的地區，說明已經出現了醫生人才配置的問題。

　　第三，想要獨立開私人診所的醫生正在增多。醫生大致分為兩

類，一類是在醫院工作的，稱為「勤務醫」；一類是自己開診所的，稱為「開業醫」。高收入的絕大多數都是開業醫。厚生勞動省調查（2005年）顯示，勤務醫的平均年薪約為1,370萬日元，而開業醫的平均年薪達2,744萬日元，相差了一倍。前文提過的美容外科中的高收入者幾乎是清一色的開業醫。

支撐了日本醫療發展的主要是大醫院的勤務醫。疑難病症只有在醫療設施條件完備的大醫院才能救治，耗時較長的大手術也只有大醫院才能做。但是勤務醫在醫院龐大的組織中工作，通常要比開業醫的工作時間長，且工作強度大。

巨大的收入格差背景下，很多人害怕當勤務醫，立志當開業醫，但是這種情況會給日本醫療帶來怎樣的影響？我認為，其中潛藏了很多會影響今後日本醫療水平的因素。我們必須完善機制，防止內科、外科、婦產科和兒科等科室勤務醫的減少。

企業與醫院的相同之處

這樣看來，醫生中出現的變化及存在的問題與前文提到的企業高管有些相似。人們不願意在一個機構裡兢兢業業地工作，更希望創業當老闆，獲得高收入。這樣的人越來越多，結果是一直支撐了日本產業發展的大企業，或是始終支撐日本醫療水平的大醫院的人

才出現空洞化。我認為問題十分嚴重。因此必須改變收入和工作狀況，努力創造條件留住優秀的人才。

現代富裕層的新舉動

日本富裕層在增加，這些人的收入和資產也都在增加，一種新的舉動正在富裕層中出現。具體來說，他們熱衷於如何進一步增加收入和減少向政府繳納賦稅。下面我們來具體看看這種現象。

第一，有一種風潮在加劇，那就是人們不願辛勤工作，只想通過股票和債券等資產運營來增加收入和資產。他們進行各種資產運營，甚至投資境外，以期找到良好的資產運營對象。「日內交易」就是其中之一，只要手持充裕的資金，就可以 24 小時買賣股票和債權。村上基金就是靠股票交易賺取了巨額財富。

第二，一度盛行於美國的「法人化」制度也開始引進到日本。法人稅率降低，導致所得稅率高於法人稅率。與其當一名公司職員，交高額的所得稅，還不如創建自己的公司，成為法人，自己出任社長，可以繳納較低的法人稅。這種方法就叫作「法人化」，在美國曾被廣泛用作一種節稅方法。法人數量大增的一個原因正在於此。日本成立公司和法人十分容易，讓很多人有機可乘，實際中也已經出現這種苗頭。

第三，作為另一種節稅方法，一些人移居稅率低的外國，以此實現儘量少繳稅。海外也有一些國家為了吸引富裕階層而故意壓低稅金。村上基金的村上世彰在被逮捕前就已移居新加坡，這也是避稅的典型行為。富裕階層規避繳稅的方法不僅是移居海外，國內也有各種幫助富人避稅的商業運作模式，受富人青睞。

如何評價富裕階層變本加厲增加收入和資產的行為呢？我們居住在自由受到保障的日本，無意責難這種行為。如果觸犯法律，應該嚴肅處罰，但是上述行為原則上屬於個人的自由。如果問題極其嚴重，政府可能會出台政策，修改稅制和《公司法》。若要探討可以採取哪些具體對策，需要寫一本專著，此處受筆墨限制，不作提及。

我想在這節的最後同大家分享一個略顯感性的事例。活躍於70年代到80年代初的瑞典職業運動員比約恩·博格 (Bjorn Borg) 是位網球名將，多次奪冠，收穫的獎金豐碩。在退役之前他就因瑞典的所得稅率過高，移居到了稅率極低的摩納哥，以實現節稅的目的。然而在退役後不久，他又回到了祖國。原因就是瑞典的賦稅和社會保險負擔雖重，但是社會保障制度充實，可以安心度過晚年。對這個事例的評價可能因人而異，真想聽聽那些避稅海外的日本富豪看了後有何感想。

四、地區間格差現狀

反映在數值中的地區間格差

接下來看看地區間的格差。近年來人們常說首都以外的地方在衰退，比如商業街的很多店舖關店，人們沒有工作，收入銳減，地方經濟疲軟。該如何看待這個問題？

首先，我們用數值來確認一下地區間格差的現狀。第一是完全失業率。表 3-9 是 1975 年到 2000 年之間不同地區的失業率。由該表可知，1975 年全國平均失業率為 2.3%。從不同地區來看，失業率最低的是北陸地區的 1.6%，其次是東海地區的 1.7%，失業率最高的是沖繩地區的 8.1%，其次是九州地區的 3.2%。以縣為單位來看，最低的是新潟縣、長野縣和岐阜縣，均為 1.3%，最高的是沖繩縣，其次是高知縣的 3.9%。

到了 2000 年，又發生了怎樣的變化呢？失業率變為全國平均4.7%，比 1975 年上升了 2.4 個百分點。失業率最低的依舊是北陸地區，失業率是 3.4%。其次是東海的 3.9%。失業率最高的依舊是沖繩地區的 9.4%，其次是九州的 5.1%。以縣為單位來看，最低的是福井縣、長野縣，為 3.1%，最高的是沖繩縣，其次是福岡縣的

5.9%。可見，從失業率來看，地區間的格差 30 年來沒有太大變化。

換言之，地區間的失業率格差一直存在。

表3-9　不同地區的完全失業率的變化（單位：%）

地區名	1975 年	1980 年	1985 年	1990 年	1995 年	2000 年
東京都	2.5	2.7	3.6	3.1	4.9	4.8
新潟縣	1.3	1.5	2.3	2.0	2.7	3.9
福井縣	1.5	1.6	2.0	1.9	2.5	3.1
長野縣	1.3	1.2	1.7	1.7	2.5	3.1
岐阜縣	1.3	1.5	2.0	2.0	3.2	3.7
大阪府	3.1	3.3	4.5	4.2	6.2	7.0
高知縣	3.9	4.0	5.6	4.7	5.4	5.3
福岡縣	3.8	4.1	5.7	4.5	5.5	5.9
沖繩縣	8.1	7.7	7.6	7.7	10.3	9.4
全國	2.3	2.5	3.4	3.0	4.3	4.7
北海道	2.1	2.6	4.4	3.6	4.4	4.8
東北	1.8	2.1	3.0	2.6	3.5	4.3
關東甲信	2.1	2.2	3.0	2.7	4.3	4.6
北陸	1.6	1.7	2.2	2.1	2.9	3.4
東海	1.7	1.8	2.5	2.4	3.5	3.9
關西	2.7	2.9	3.9	3.6	5.3	5.8
中國	1.9	2.2	3.0	2.6	3.5	4.1
四國	2.9	3.1	4.3	3.8	4.5	5.0
九州	3.2	3.3	4.6	3.7	4.6	5.1
沖繩	8.1	7.7	7.6	7.7	10.3	9.4
三大都市圈	2.4	2.5	3.4	3.1	4.7	5.0
東京圈	2.3	2.4	3.2	2.9	4.6	4.8
名古屋圈	1.7	1.9	2.5	2.5	3.6	4.0
大阪圈	2.8	3.1	4.1	3.7	5.6	6.1
地方圈	2.2	2.4	3.4	3.0	3.9	4.5

出處：總務省《國勢調查報告》

註：不同地區的完全失業率（%）＝（地區內的完全失業者總數 ÷ 地區內的勞動力人口總數）×100

但是近 15 年來經濟始終不振，失業率整體上升，這讓原本失業率就高的沖繩和九州等地區雪上加霜，地區間的格差問題被暴露出來，引起了關注。

表3-10　不同地區的有效用人需求與求職人數的比率的變化（單位：倍）

地區名	1999 年	2000 年	2001 年	2002 年	2003 年	2004 年
青森縣	0.32	0.39	0.33	0.29	0.31	0.33
群馬縣	0.65	0.92	0.88	0.73	0.99	1.29
東京都	0.48	0.65	0.76	0.70	0.82	1.15
愛知縣	0.56	0.74	0.79	0.75	0.96	1.40
大阪府	0.37	0.48	0.50	0.46	0.60	0.84
沖繩縣	0.22	0.28	0.26	0.30	0.36	0.40
全國	0.48	0.59	0.59	0.54	0.64	0.83
北海道	0.44	0.46	0.48	0.47	0.49	0.54
東北	0.49	0.59	0.51	0.45	0.55	0.66
關東甲信	0.47	0.62	0.66	0.58	0.70	0.94
北陸	0.65	0.80	0.70	0.64	0.75	0.99
東海	0.61	0.77	0.80	0.74	0.90	1.22
關西	0.38	0.48	0.49	0.45	0.57	0.78
中國	0.64	0.72	0.70	0.66	0.78	0.96
四國	0.62	0.66	0.65	0.61	0.66	0.78
九州	0.41	0.48	0.47	0.42	0.51	0.61
沖繩	0.22	0.28	0.26	0.30	0.36	0.40
三大都市圈	0.41	0.55	0.60	0.55	0.67	0.92
東京圈	0.41	0.55	0.63	0.56	0.67	0.91
名古屋圈	0.55	0.72	0.76	0.73	0.93	1.35
大阪圈	0.37	0.47	0.49	0.45	0.57	0.78
地方圈	0.53	0.62	0.59	0.53	0.62	0.75

出處：厚生勞動省《勞動統計年報》

註：（1）不同地區的有效用人需求與求職人數的比率 = 地區內的有效用人需求數 ÷ 地區內的有效求職者數

　　（2）不包含應屆大學畢業生，但包含兼職工。

　　（3）統計的是月平均值。

同樣的結論也可從有效用人需求與求職人數的比率中得出。2004 年全國平均有效求人比率為 0.83（表 3-10），最低的是沖繩的 0.40，其次是北海道的 0.54，九州的 0.61。最高的是東海的 1.22，其次是中國地區的 0.96。以縣為單位，最低的是沖繩縣，其次是青森縣的 0.33。最高的是愛知縣的 1.40，其次是群馬縣的 1.29。可見，有效用人需求與求職人數的比率反映出的地區間格差比失業率所反應的地區間格差要大。

　　還有一個重要指標，是比較縣內居民的人均收入。通過這一比較，可以知道大都市與其他地區的收入格差。

　　1990 年全國平均的縣民人均收入為 291 萬日元（表 3-11），2002 年為 292 萬日元。12 年間收入幾乎沒有增加，這一驚人的結果，讓人可以想見日本經濟是多麼停滯不前。

　　看看 2002 年縣民人均收入的地區間格差。人均收入最低的是沖繩，203 萬日元，其次是九州 247 萬，再次是四國 248 萬。最高的是關東甲信地區 324 萬日元，其次是東海地區 322 萬日元。可見，關東地區和東海地區的縣民收入高，四國、九州、沖繩地區的縣民收入低。

　　再以縣為單位看看 2002 年的人均收入。最低的是沖繩縣，其次是青森縣的 221 萬日元。最高的是東京都的 408 萬日元，其次是愛知縣的 342 萬日元。最低的沖繩縣和最高的東京都之間有一倍多的差距。

表3-11　不同地區縣民人均收入的變化（單位：千日元/人）

| 地區名 | 1990年度 | 1995年度 | 2000年度 | 2001年度 | 2002年度 | 收入水平（全國=100） | | | | |
						1990年度	1995年度	2000年度	2001年度	2002年度
青森縣	2,243	2,442	2,401	2,306	2,213	77.2	78.7	78.1	78.2	75.9
東京都	4,140	4,152	4,319	4,150	4,080	142.5	133.8	140.5	140.7	139.9
愛知縣	3,339	3,534	3,439	3,405	3,421	114.9	113.9	111.9	115.4	117.3
大阪府	3,497	3,412	3,180	3,049	3,030	120.4	109.9	103.5	103.3	103.9
沖繩縣	1,894	2,037	2,108	2,067	2,031	65.2	65.7	68.6	70.0	69.6
全國	2,905	3,103	3,074	2,951	2,916	100.0	100.0	100.0	100.0	100.0
北海道	2,407	2,754	2,674	2,637	2,563	82.8	88.8	87.0	89.4	87.9
東北	2,360	2,644	2,684	2,579	2,518	81.2	85.2	87.3	87.4	86.3
關東甲信	3,333	3,493	3,457	3,289	3,236	114.7	112.6	112.5	111.5	111.0
北陸	2,814	3,029	3,004	2,914	2,905	96.9	97.6	97.7	98.8	99.6
東海	3,096	3,313	3,296	3,209	3,223	106.6	106.8	107.2	108.7	110.5
關西	3,053	3,169	3,029	2,865	2,860	105.1	102.1	98.5	97.1	98.1
中國	2,650	2,857	2,818	2,756	2,718	91.2	92.1	91.7	93.4	93.2
四國	2,330	2,632	2,574	2,531	2,481	80.2	84.8	83.8	85.8	85.1
九州	2,296	2,513	2,594	2,507	2,470	79.0	81.0	84.4	85.0	84.7
沖繩	1,894	2,037	2,108	2,067	2,031	65.2	65.7	68.6	70.0	69.6
三大都市圈	3,342	3,483	3,396	3,243	3,208	115.0	112.2	110.5	109.9	110.0
東京圈	3,490	3,629	3,580	3,409	3,348	120.1	116.9	116.5	115.5	114.8
名古屋圈	3,214	3,428	3,367	3,313	3,325	110.6	110.5	109.5	112.3	114.0
大阪圈	3,127	3,228	3,048	2,876	2,869	107.6	104.0	99.2	97.5	98.4
地方圈	2,532	2,776	2,791	2,693	2,658	87.1	89.5	90.8	91.3	91.1
變動係數	0.16	0.14	0.13	0.13	0.13	0.16	0.14	0.13	0.13	0.13

出處：內閣府《縣民經濟計算年報》

註：(1) 不同地區的縣民人均收入根據資料並按照以下公式算出：

　　　不同地區的縣民人均收入＝地區內縣民收入÷地區內人口

　　(2) 國勢調查年根據《國勢調查報告》，非國勢調查年根據《各都道府縣推算人口（總務省，每年截至10月1日）》統計人口。

　　(3) 依據93SNA編制。所謂SNA，即國民經濟核算體系的聯合國指導標準，93SNA就是1993年的指導標準。

各種指標都說明，首都和地方間、城市和農村間存在着嚴重的經濟格差。地區間的格差並非始於今日，對比 1975 年和 2000 年的失業率可知，地區間的格差並沒有太大變化。從絕對失業率來看，地方的失業率極高，可見地方經濟狀況十分嚴峻。

為何地區間的格差日益嚴峻？

以前用來糾正地區間格差的是公共事業。我在第二章第四節中介紹過，公共事業能在資金和就業方面支撐地方。如果僅依靠民間的經濟活動，地區間的格差還會進一步擴大。公共事業的一個功能就是縮小地區間的格差。

今天推行的結構改革決定實行削減公共事業的政策。這就剝奪了公共事業所具有的糾正地區間格差的功能。另一方面，又沒有引進其他的地區支援政策來替代公共事業。第二章中已經提到，這就是進一步加劇地區頹敗的原因。

此外，商業領域放寬限制，大型店舖相繼進軍地方。結果是郊區接二連三興建大型商超，地方那種個人經營模式的商業街衰退，商舖紛紛關店退出歷史舞台，這一現象也說明地方經濟凋敝。

第二章第四節中提過，我並非認為上述政策一無是處。公共事業中不乏一些利用率不高的高速公路，類似的「浪費」例子還有很

多。同樣，大型店舖進軍地方也提高了效率，促進了物資流通，從長期看或許有助於通過便捷的物流來提高經濟效率。相對於製造業而言，日本的物流業被置於相對低效的產業位置。大規模物流的登場有利於改善這種情況。

然而必須指出——也已經多次指出——的是，這些變化引發了地方的衰落，政府卻未施以解決之策，這才是問題所在。那麼，究竟應該採取甚麼對策呢？本書的第五章第三節將就此展開論述。

五、被剝奪的機會平等

結果平等與機會平等

接下來看看機會平等。我們說「平等」「不平等」時，必須區別說的是結果還是機會。在談及結果的平等與不平等時，我們關注的是人們從事職業活動或經濟活動所獲得的成果，即看收入和資產等經濟成果方面有無格差。

另一方面，談及機會的平等與不平等時，我們關注的是人們從事職業活動和經濟活動的機會是否存在差距。具體來說，人們在學

校接受教育，然後就職，在企業裡一步步晉升。我們關注教育、就業和晉升這三個階段中大家是否被賦予了平等的機會，這就是機會的平等與不平等。

機會平等有兩個原則。一是全體參與的原則，即人們希望接受教育，想就業、想晉升時，所有有意欲參加的人全都能參與，人人都被賦予成為「候選人」的機會。另一個是無歧視原則。比如假設人們要應聘某一崗位，需要參加選拔考試，那麼這一選考是不能帶有歧視的，無論男女老少、個人資質如何，都不能差別對待。

只有同時滿足上述兩個原則，才能說一個社會賦予了很多人平等的機會。然而現實中不乏無法滿足上述兩個原則的情況。下面我們將具體考察。

只有高收入者的孩子才能接受優質的教育

首先關注教育方面。可以通過觀察人們是否能接受自己希望受到的教育，來考察教育機會是否平等。

現實中，要想接受自己希望受到的教育是受種種條件限制的。比如，除了自身的能力外，還受到父母收入和父母教育水平的影響。說白了，誰都想在名牌大學接受教育，但是無法輕易實現。因為，首先自身能力有差別，這是無法改變的事實，除此以外還有付

出努力多少的差別。能力和努力的差別，是不能用平等原則來討論的。

不過也有人從平等和不平等的角度看待人們與生俱來的能力差別，比如身體能力、頭腦、容貌、性格等。甚至有極端的主張，認為現實存在的天賦差異本身就是不平等。這類討論已經超出了本書的範圍，在此不作展開。

還是言歸正傳，討論機會平等問題的重點是看父母的收入能否支撐子女接受子女本人想要接受的教育。義務教育是憲法規定全體國民都能接受的，基本上不存在差別。但是在結束義務教育之後，在升入高中或大學之際，種種統計數據證明，就今天的日本社會而言，最具有影響力的因素是父母的收入。

舉個一目了然的例子。日本最難考的大學一般認為是東京大學。30多年前，考入東京大學的高中生大多來自東京日比谷高中等各個都、道、府、縣的名牌公立高中。公立高中比私立高中學費便宜，誰都可以報考。只要考生有實力就可以考上。可以說，那時不太受父母收入的影響。

現在的情況如何呢？情況發生了變化。東京大學的學生大多來自私立學校。私立高中的教育內容在某種程度上可以自由選擇。於是不少學校有針對性地進行應試教育，以便提高名牌大學的入學率。這樣也有助於更多的優秀學生報考自己想讀的學校。

私立高中學費昂貴，入學考試也很難。為了讓孩子考入私立高中，需要上補習班，或者聘請家庭教師。入學之後，還要交高額學費。如果父母的收入不高，根本無法入學。所以現實就是，東大學生的父母收入在所有大學中處於最高水平。二三十年前父母收入最高的要數慶應義塾大學等部分私立大學，而現在，東大已經快趕上慶應了。

最近還發生了一件引人深思的事。2006年4月新設立的愛知縣蒲郡市海陽中學是同時擁有初中部與高中部的寄宿制學校，旨在培養精英，每年需要350萬日元的費用。這樣算來，若想入讀這所學校，父母的收入必須在1,000萬日元以上。據說這所學校是想模仿英國的伊頓公學。作為階級社會縮影的英式教育制度能否在日本扎根，是最耐人尋味的地方。

這個例子在某種意義上告訴我們時代變了：現在只有父母收入高的子女才能接受優質教育。而這是會導致階級固化的，實在是讓人憂慮。

政府撒手教育領域

在上述教育機會平等性遭到破壞的情況下，政府應發揮怎樣的作用呢？先看看教育經費。

前文提到，以前由公立學校考入國立東京大學絕不是稀罕事。公立高中和國立大學的學費要比私立的低，這是由於官方，即政府的教育撥款才得以實現的。公立高中和國立大學的大部分費用都依靠財政撥款，也就不需要學生的家庭負擔太多教育費用了。

　　然而這種情況發生了巨大變化。40多年前我上大學時，國立大學的學費是每年12,000日元，現在國立大學的學費是50萬日元左右，即便考慮了物價上漲率，這種漲幅也太大了。私立大學的學費負擔就更重了。可見，這就意味着家庭要負擔的學費變得很多。

　　這一變化的結果是，父母的收入如果不夠高，就很難讓子女升學、考上好大學。所謂教育機會平等，説的是任何孩子都可以接受優質教育，與父母收入無關。因此應當完善獎學金制度，採取各種對策，而這將在第五章第四節詳述。

　　現在日本政府在大幅削減教育經費。國立大學的學費只是其中一端，除此之外還在削減公立教師的工資。以前地方公立學校教師的收入要比地方公務員高4%左右，這是因為教師要培養未來的人才，事關重大，相對較高的工資設定是達成了社會共識的。但是現在正在實施停止優待教師的政策。而且某種意義上這只是象徵性的第一步，緊接着，以削減義務教育的財政撥款為首，削減教育整體財政支出的政策將相繼出台。

　　第五章第四節還會詳述，日本教育支出的GDP佔比在發達國

家中處於最低水平。教育意味着培養下一代，會極大影響一個國家的未來。一個國家的國民如果越來越不具備高素質，這個國家的未來無疑會一片灰暗。人們常說今天的日本孩子和學生們學力水平下降，就更應當增加財政投入。

職業機會是否平等？

在談及機會是否平等之際，父母的職業與子女職業間的關係也是個重要考察點。也就是說，父母的職業會給子女的職業帶來何種程度的影響，這叫作「社會流動」。不被父母的階層和職業所左右，子女可以從事比父母地位高的職業，步入更高的階層，或者也會淪落至更低的階層，這就是所謂的「社會流動大」。

關於這種社會移動，社會學者佐藤俊樹發表過引人深思的數據（圖3-3）。圖中比較了父親的主要職業和子女40歲時的職業，用開放性係數表示兩者間的關係。開放性係數越高，說明父子職業不同的概率越高。

圖中顯示，如果父親是高級白領（管理層和專業性崗位），子女也成為高級白領的概率近來在上升。可以認為，90年代初以前，日本的社會流動性是很大的。這就意味着，子女很大程度上可以從事自己喜歡的工作，可以與父母的職業無關。這種相對較大的社會流動

性現在正在減小，父母職業決定子女職業的比重在上升。

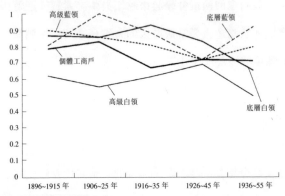

註：1896~1915 年的數據依據的調查對象是 1955 年接受調查時 40~59 歲的人，1906~1925 年的數據依據的調查對象是 1965 年接受調查時 40~59 歲的人，最後的 1936~1955 年的數據依據的調查對象是 1995 年接受調查時 40~59 歲的人。
出處：佐藤俊樹《不平等社會日本》

圖 3-3　不同出生年代的父親主業 ×40 歲子女的開放性係數

以政治家和醫生為例

在考慮這個問題時，舉兩個典型的職業為例會更便於理解。那就是政治家和醫生。可以說，這兩者都是屬於上層階級的職業。

現在的國會議員中，有很多父母是政治家的第二、三代議員。曾經，所謂政治家主要可分為兩類，一是高級官僚出身的政治家，一是工會幹部出身的政治家。不過，我無意在此議論國會議員中高

級官僚和工會幹部出身者很多這件事的是非。

中央機關的官僚和工會幹部在以往很少受到父母階層和職業的影響。比如，無論是過去還是現在，高級官僚大多是從東京大學畢業的。但是正如前文所說，以前東大的學生多來自公立高中。這就意味着，在當官之前，他們很大程度上是依靠自身的努力。從東大考進中央機關，之後成為國會議員，一路走來，沒有那麼多來自父母職業和階層的影響。工會的幹部更是自願進入企業、成為工會幹部的，來自父母職業的影響甚至比高級官僚還要小。

今天的政治家則鮮有上述類型了。越來越多人的父母就是政治家，子女接過父母的「地盤」，繼任政治家。父母中有做政治家的，子女出仕會更為有利。社會流動的開放性變低，也說明階級出現了固化趨勢。

再來看看醫生。根據前文提過的拙作《富豪研究》中的調查，四成左右的醫生子女也是醫生。在醫生這個行當裡，有很多兩代行醫的案例。這就是說，相似的現象發生在醫生和政治家當中。

本章第三節曾提到，想當一名醫生需要很高的學力水平。醫學部的人氣很高，國、公立學校的醫學部入學考試競爭十分激烈。為了在考試中脫穎而出，父母要為子女的高額教育費買單。入學之後，如果是私立大學，昂貴的醫學部學費絕非普通家庭的經濟實力可以負擔。這些事實都說明，若非高收入的父母，是很難將子女培

養成一名醫生的。醫生收入高，父母如果是醫生，子女就有足夠的條件走上這條康莊大道。

醫生是社會地位很高的職業。子女目睹父母的成功，憧憬醫生這個職業也不足為奇。可以認為，子女希望從醫，父母也熱衷於培養接班人，這才出現了大量兩代行醫的情況。

心理格差

用「心理格差」也可以解釋政治家和醫生中的上述狀態。也就是說，父母對於子女的教育和職業有多大的期待，某種程度決定了子女對自己有多大的期待。父母如果沒有期待，子女就很難有期待和追求。這種有期待和追求的人與沒有期待和追求的人之間形成了「心理格差」。

除政治家和醫生外，父母是高級白領的情況下，子女大多也成為白領。這就是說，上層階級的人，無論是父母還是子女都有很高的期待，底層的人則無論父母子女都鮮有期待。也就是說，在期待、夢想與追求的階段，就已經折射出了階層間的差距，問題已經十分嚴重。

女性與教育機會平等

在談及機會平等時，必須關注女性。因為女性參與社會工作要滯後於男性。女性在參與社會工作時的機會是否平等，是考察社會機會是否平等的重要指標。本節在論及機會是否平等時提到了兩個原則，即全體參與原則和無歧視原則。下面就用這兩個原則考察女性的機會是否平等。

先來看看學校教育。曾經，日本社會中有很強烈的儘量讓男孩升學的觀念。這是由於家計並不富裕，無法承擔那麼重的教育費負擔。家計有限，在決定讓誰升學的問題上，一般都會優先男孩，因為男性是主要勞動力。即便是讓女孩升學，大多也就讀到高中，至多是短期大學（大專）。

前文已經指出，在以前的日本社會，只要本人有意願，還是可以憑藉自己的能力升入大學的。但是準確地說，這種機會平等只針對男性，女性依舊無法升入大學，這是受到父母經濟實力制約的。

後來日本經濟發展了，人們富裕了，某種程度上消除了男女間的差別。父母收入增長，女孩升學的機會也增加了。就是說，不論男女，只要有能力和意願，某種程度上都可以實現升學。

然而現在收入格差在擴大，父母收入給子女教育帶來的影響越來越大。要想升入大學，特別是名牌大學，如果父母沒有高收入就

很難實現。日本在教育上的財政投入很少，結束義務教育以後，各家各戶承擔的教育費用負擔十分沉重。不要說名牌大學，有些家庭或許都沒有餘力讓子女升學。這樣一來，以往那種傳統想法 —— 優先男孩升學的想法就可能會復活。

女性與就業機會平等

接下來讓我們從就業角度看看女性的機會是否平等。從戰後至70年代前後，男主外女主內的觀念很重。女性自身也普遍傾向於做一名全職太太。因此女性就業的機會十分有限。即便女性想要走出家庭、在企業工作，也很難實現這種願望。

當時很多想要工作的女性無法選擇民營企業，只得報考公務員。公務員選考不得有性別歧視，因此很多女性都立志考取資格，通過考試成為一名公務員。1985年制定了《男女雇傭機會均等法》之後，上述情況得以緩解。可以說在這一意義上，相對於以前，女性就業變得平等多了，但依舊不能說是完全實現了平等。

晉升中的機會平等

就業以後，在企業是否有平等的機會，就要看晉升了。企業在

錄用員工時，以前會分為綜合崗和普通崗。綜合崗雖然工作繁重，還可能有工作調動，但是日後有可能被選為預備幹部。普通崗沒有工作調動，以輔助性工作為主，可是晉升的機會十分有限。企業通常都會錄用男性為綜合崗，錄用女性為普通崗。這就意味着，民營企業中幾乎沒有女性晉升的可能性。所以，從晉升角度看，對於想要在職場施展才華的女性來說，機會是不平等的。

也就是在近幾年，人們才意識到綜合崗和普通崗這種區分其實是一種歧視，企業也在減少這種區分。然而，除此之外還有很多看不到的歧視。比如，在女員工結婚和生子之際暗示其應專心家庭，或者以此為由拒絕女員工晉升。此外，還會用「是否接受工作調動」的形式進行差別對待。崗位歧視依然根深蒂固，只不過換了一種表現方式。

從經濟學角度來看，對於上述晉升現象可以作各種解釋。對女性晉升歧視，有人用「統計性差異」這樣的說法來將其說成是合理的。這種說法認為，以前的女性多是全職太太，或者即便工作，也多在結婚或生育之際辭職。也就是說，從前女性的離職率很高。根據以往的統計數據，很多企業都推測女性遲早要離職。基於這一推測，企業才不讓女性晉升，或者不為女性提供職業訓練的機會。這種學說將企業的上述行為稱為「統計性差異」，認為從企業角度來看，這樣的做法是合理且正當的。

但是今天的很多女性都希望自己事業有成。今天的社會已經不能接受因「統計性差異」而對女性採取歧視性舉動的做法。女性升遷的機率在緩慢上升，今後還應該通過政策上的傾向性，設定課長或部長中的女性比例，或是採取強制性錄用女性或讓女性晉升等有利於女性工作的舉措，以加快女性晉升的步伐。這種政策被稱為「積極性消除歧視政策」。如果設定比例等強制性政策可以成功，那麼短期內就可以廢止「積極性消除歧視政策」。

第四章　思考格差社會的走向

上一章，我們考察了在格差擴大的背景下，日本社會發生了怎樣的變化。上述考察的結果很大程度上決定了我們的價值判斷，即是否應容忍格差擴大，應將我們生活的社會建設成怎樣的社會。在容忍和不容忍之間，日本的未來將有巨大不同。我認為，如果允許格差擴大，未來會出現很多問題。本章將具體分析會出現怎樣的問題。

一、可以容忍格差擴大嗎？

「格差有何不好」的真意

前言曾提到，圍繞格差現在有各種爭論。最新的主張是以小泉首相的國會發言為代表的「格差有何不好？」「格差擴大又有何妨？」這種討論十分重要，關係到社會的根基。

我認為，作為一個國家的領導，公然說出應容忍格差擴大這樣的話，實在是引人思考。第一章第五節已經介紹過，通常，指出格差過大和不平等加劇會刺激政府。1970 年 OECD 指出發達國家中

不平等程度最高的國家是法國時，時任法國總統的季斯卡·德斯坦就提出了抗議。日本政府最初也主張「格差擴大只是表象」，小泉首相也沿襲了這一主張。但是隨後卻一改姿態，轉為主張「格差有何不好」。

小泉首相話語裡的真實用意是甚麼？通常，這類發言會遭到很多人，特別是弱者的強烈反擊。畢竟很多人都認為，世間窮人增加絕不是甚麼好事。即便那是小泉首相真心所想，作為國家領導人如此率真發言，也實屬罕見。

小泉首相是做好了遭到猛烈攻擊的心理準備，然後故意這樣發言的嗎？還是他認為國民中有越來越多的人與他自己想法相同，能獲得大家的共鳴與附和呢？或許他覺得，在今天的日本社會，認為為了擺脫經濟不振，格差也是在所難免，為了促進日本的國際競爭力，必須實施促進競爭的政策，以提振經濟的國民大有人在，自己的想法並不會遭致很多人的反對。

首相的想法，我們很難推測出個究竟。但有一點是肯定的，那就是小泉首相的信念——經濟效率最為重要，為此，多一點不平等也無關大局。不論國民的反應如何，他表達的就是自己的信念。「有人嫉妒成功人士，給能力強的人拖後腿，如不遏止這種風潮，社會將停滯不前。」這種想法，為經濟學家們提供了一個應該從學術角度認真探討的問題。而這就是下面我要說的。

為提高經濟效率，擴大格差真的是在所難免的嗎？

有人認為，為提高經濟效率，擴大格差是在所難免的。這種想法換言之就是「效率性與公平性的此消彼長」。所謂此消彼長，就是A與B不能同時成立，當優先其中一項時，就必須犧牲另外一項。因此，為了效率而犧牲公平被認為是正當的。說白了，就是如不犧牲公平，就無法提高效率。

效率和公平之間的此消彼長關係是否成立？如果不容忍格差擴大，或者說不犧牲公平，真的就無法提高經濟效率了嗎？這是需要經濟學家進行檢視驗證的。

主張此消彼長的人認為，對於有能力的人和努力的人，我們給他高報酬。以前即便有能力的人獲得了高報酬，收入再分配政策也會對他徵收高額的稅。這就傷害了能者的熱情，讓經濟效率下降，讓社會死氣沉沉。那麼，假設讓2,000萬日元收入的人能有2倍(4,000萬日元)，甚至5倍(1億日元)的收入，經濟效率和人們的努力程度就果真會成比例提升嗎？

我認為不會。這可以用「邊際收益遞減法則」來說明。當某一要素倍增時，效果能否也成比例倍增？當增加到三倍和四倍時又會怎樣？經濟學認為，越是提高該要素，可期待的效果反倒會遞減。也就是說，即使給有能力的人高報酬，因此帶來的經濟效率的提升

也是有一個限度的。

再換個角度看，有能力的人和努力的人獲得比此前更高的收入時，會發生何種現象呢？

收入增加，生活水平就隨之提高。有 1 億日元的收入，就過上與 1 億日元相稱的生活。為維持這種生活，需要高消費，也需要耗費很多能源。天然的資源和能源都是有限的，僅僅為了少數人而大量消費能源，大而言之，對整個社會乃至全人類都有着負面影響。

綜上所述，犧牲公平未必就能提高效率。毋寧說，我認為效率與公平是可以兼顧的。這將在第五章第一節詳述。

二、貧困人群增多引發矛盾

貧困人群增多給社會帶來負面影響

行文至此，本書詳細論述了貧困人群或者說弱者在增多這樣一種現實。沒有人是心甘情願貧困或是主動要做一名弱者的。對於個人來說，無論貧困還是弱者，無疑都不是甚麼褒獎。但是，貧困人群增多的問題，已經超越了個人範疇，會引發巨大的社會問題。下

面將具體介紹會引發何種問題。

第一，經濟效率的問題。前一節曾介紹過，有人認為格差擴大是提高經濟效率所不可避免的後果，這種想法本身就存在問題。這個問題也可以從貧困人群，即弱者的角度來說明。打個比方，如果工資極低的勞動者增多會怎樣呢？他們恐怕會喪失勞動熱情，認為即使工作也無濟於事吧。如果持這樣想法的人增多，又會出現甚麼情況呢？恐怕會不利於盤活日本經濟。

第二，貧困人群如果同時也是失業者，就意味着他們不工作。不工作，意味着人才沒能得到有效利用，或者說人力資源遭到了浪費，是一種資源流失。

第三，犯罪會增多。很多貧困者和弱者都抱有被社會邊緣化的自卑感，因其不幸而憎恨所謂的「贏家」，或是嫉妒高收入者。結果就會有人走上犯罪道路。貧困人群和弱者增多增加了犯罪的可能性，也增加了社會的不穩定因素。

第四，貧困者和弱者增加，會加重社會的負擔。對於窮困潦倒、無法生活的人，政府需要進行經濟援助。貧困人群增加，經濟援助的負擔自然也加重了。比如格差擴大，需要接受最低生活保障的人就會增多。用於支付最低生活保障的財源是國民的稅金。很多地方政府已經很難確保用於支付最低生活保障的財源。我認為，即使只是為了不給國民增添賦稅負擔，也需要控制貧困人群的數量。

第五，是出於倫理上的考慮。一方面，富豪住在豪宅裡，過着奢華的生活；另一方面，窮人卻住在寒舍裡，終日食不果腹。這樣的社會人道嗎？強者想必會鄙視弱者吧？在孩提時代，人生的勝敗就已注定，這也許就是滋生校園霸凌的原因。待孩子們長大成人，校園暴力最終將演變為社會暴力。

自然，無論哪個社會都有不同程度的高收入人群和低收入人群，為了保證經濟效率，某種程度的格差是在可容忍範圍內的。但是我認為，一旦格差超出某種限度，就會引發上述問題，甚至背離人道。

美國社會中的犯罪和災害風險

美國無疑是格差社會的代表。以格差為背景，看看美國社會發生了甚麼，有助於思考日本的未來。

美國有所謂的「gated town」(門禁社區)，富裕層在自己居住的社區設圍牆，社區外的人若想進入社區，要接受入口處的嚴格檢查。這種只有富人居住的鎮子就叫「gated town」。另一方面，美國的窮人始終住在被稱為「ghetto」的貧民區裡。可見，連居住場所都在發生兩極分化。

為何會形成「gated town」？70年代末到80年代，美國的犯罪

率飆升，社會動盪不安，主要原因就是這一時期的貧富格差加劇。前文提到，「失敗者」的自卑會轉變為對「贏家」的嫉妒和仇恨，這自然加大了滋生犯罪的風險。其結果便是，富人畏懼犯罪，為消除恐慌，只得聚居在只有富人居住的社區裡，用圍牆圍起來，以確保安全。這雖然不是滴水不漏的安保方式，但也從另一個角度昭示了富裕層的生活是時常伴隨着不安的。貧富格差擴大與犯罪風險提高是相伴而生的。

原本美國就有複雜的人種問題，與犯罪多發關係密切。但專家仍舊一致認為，是貧富格差加劇增加了社會的不穩定因素。

日本雖然尚不普遍，但是也出現了類似美國那樣的「gated town」。比如六本木新城就是具有代表性的大富豪居住的公寓。這裡以入口處嚴格的出入檢查而著稱，或許可以稱作日本版的「gated town」。

再舉個例子。2005 年 8 月，「卡特里娜」颶風襲擊了美國的紐奧爾良地區，大家對此還都記憶猶新吧。以白人為主的富裕階層撤到了郊外避難，住在中心城區的以黑人為主的貧困階層卻無力避難，結果死傷眾多。這是因為富裕階層駕駛汽車，可以自行避難；貧困階層沒有汽車，無法自行避難。這個自然災害的例子說明，貧富差距擴大甚至是危及生命的高風險問題。

日本國民需要這樣的社會嗎？至少我認為，我們居住的地方已

經開始出現兩極分化，如果一個社會連應對自然災害的最低要求都無法實現，那絕非是我們追求的宜居社會。

健康格差新問題

美國報道了「健康格差」這個新問題。種種統計數據表明，美國的貧困人群易早逝，而富豪大多長壽。

貧困人群終日食不果腹，根本無暇顧及食品安全，無力關注自身的健康問題。富豪則飲食健康，文化精神生活也很富足。在醫療水平方面，窮人與富人間也差別巨大。

美國除了針對非常貧困的人和老年人等特例外，沒有廣泛適用的政府醫療保險制度，也就是沒有日本這樣的全民保險制度。資金充裕的人可以加入民營醫療保險公司提供的高額但內容充實的醫療保險，一定程度上能得到優質治療。窮人則無法加入民營的醫療保險，生病時也就無法支付診療費用，無法接受令人滿意的治療。這就是美國保險制度下形成「健康格差」的背景。

美國社會推崇自己對自己負責。所以美國的精英們很少關注上述問題。以前，希拉莉·克林頓的丈夫克林頓在出任總統時期曾主張進行醫療保險改革，建議考慮全民保險制度。但因鮮有贊同的聲音，改革最終未能成功。

應當如何看待上述美國的「健康格差」呢？現在日本的格差在擴大，社會保障網卻始終在縮緊，很可能會發生同樣的問題。第五章將對此進行詳述，事實上日本已經出現了類似問題。一部分窮人無法支付國民健康保險費，無法就醫，得不到治療。長此以往，這樣的社會將會背離人道，我認為這個問題十分嚴峻。

三、啃老族和自由職業者將何去何從

啃老族的現狀

第二章第二節介紹了非正規勞動者增加是格差擴大的重要原因。第三章第二節考察了低收入勞動者的現狀，其中提到了非正規勞動者當中，很多青年都是自由職業者或啃老族。

特別是啃老族，近年來頗受關注。啃老族 (NEET) 一詞來自英國 ——「Not in Education, Employment or Training」(無教育，無職業，無技能)，後來傳到了日本，簡而言之，是指不上學也不就業的青年。《勞動白皮書》中從 2004 年就列有「青年無業者」一項。

現在讓我們看看啃老族的數量變化。圖 4-1 將啃老族定義為

「無業、不上學、不做家務也不求職的 15~34 歲的青年」，並推算了其數目。該數據顯示，1993 年有 40 多萬啃老族，2002 年超過了 60 萬人，僅 10 年光景就增長了 20 萬人。

從圖 4-1 可知，第一，啃老族一詞十幾年前就出現了，證明當時就已經有相當數量的無業青年。這些青年不斷增加，作為一個社會問題凸顯出來，以至於近年來受到越來越多人的關注。

第二，啃老族原本指的是無業青年，然而進入 21 世紀以後，30 歲左右的壯年啃老族也呈現增長趨勢。圖 4-1 中 2002 年的數據表明，50% 以上的啃老族在 25~34 歲之間。可見，一畢業就成為啃老族、隨着年齡增長依舊無法擺脱啃老狀態的人在增多。

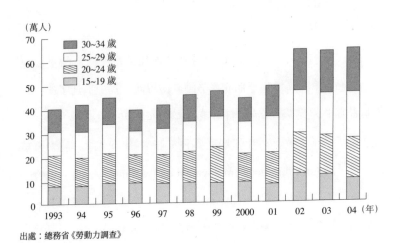

出處：總務省《勞動力調查》

圖 4-1　不同年齡段的啃老族人數變化

超過 200 萬的自由職業者

接下來讓我們看看自由職業者。圖 4-2 中是自由職業者的數量變化。1985 年為 50 萬人，到 2000 年超過了 200 萬人，可見 20 年間增長了 3 倍。

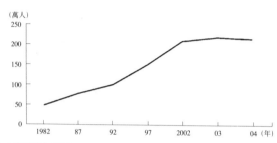

出處：厚生勞動省《勞動經濟分析》

圖 4-2　自由職業者的數量變化

圖 4-2 是厚生勞動省統計的數值。另據內閣府的調查顯示，2002 年的自由職業者竟高達 417 萬，已經超過了 400 萬人。兩個數值有如此大差異是由於定義不同。內閣府和厚生勞動省在進行調查時，與啃老族調查一樣，都將 15~34 歲的人列為調查對象。不過，厚生勞動省將本人不願成為正式公司職員的人算作自由職業者，另一方面，內閣府將不是正式公司職員的人作為統計對象，那麼其中就包含了想成為正式職員、只是暫時在家幫忙做家務的人和求職中

的人。也就是説，如果是説廣義的自由職業者，可選用內閣府的數據；如果是説狹義的自由職業者，則需選用厚生勞動省的數據。

多數人選擇自由職業是迫於無奈

究竟哪些人會當自由職業者呢？先看看表4-1中的學歷構成。小學或初高中學歷在男性自由職業者中的比例為 71.3%，在女性自由職業者中的比例為 65.0%，是佔比最高的 (2001 年)。另一方面，大學學歷在男性自由職業者中佔 12.5%，在女性自由職業者中佔 8.0%。對比可知，低學歷的人更容易成為自由職業者。

表4-1　自由職業者的學歷構成比（%）

年	男性					女性				
	1982	1987	1992	1997	(2001)	1982	1987	1992	1997	(2001)
小學，初中	29.1	25.5	25.6	21.1	71.3	13.2	14.7	14.7	9.4	65.0
高中，舊制中學	53.7	58.4	58.2	56.2		51.8	55.2	54.9	53.2	
大專，高職	5.0	6.1	7.4	10.1	16.3	25.6	22.3	23.2	28.8	26.8
大學，研究生	12.2	10.0	8.8	12.5	12.5	9.3	7.8	7.1	8.4	8.0
無回答	0.0	0.0	0.0	0.1		0.0	0.0	0.0	0.1	

出處：小杉禮子，堀有喜衣「青年勞動市場的變化與自由職業者」，小杉禮子編著《自由的代價 —— 自由職業者》

從青年自己的想法來看，一般可以分為兩類。一類是自己主動選擇自由職業的，一類是迫不得已淪為自由職業者的。前者認為工

作時間可以自主選擇，其他時間可以自由支配，因此積極評價自由職業。其中有些人立志做音樂人，靠打工獲得收入，其餘時間專心從事音樂活動和練習。這種人屬於「追夢」類型。因為有想做的事情，所以他們打工不過是賺取生活費而已。

最初自由職業者受到關注時，這類「追夢」的人更多一些，現在卻是迫不得已的人居多。第五章第二節也會對此進行詳述，多數自由職業者其實是憧憬做一名正式職員的。

第二章第二節提到過，在現在的日本社會，一旦做了自由職業者就很難再轉為全職的正式職員。即便現在日本經濟回暖了，企業也依舊不會積極將自由職業者們轉為正式員工。企業在招聘勞動者之際，希望全勤聘用的是應屆生以及準應屆生 —— 跳槽者。前文提到過，企業嘗到了雇傭自由職業等非正規勞動者的甜頭，利用這種方式壓縮用人成本。而且一個人一旦淪為自由職業者，企業方面就會將其視為工作熱情不高，工作熟練程度低，很難想到將其雇傭為正式員工會有甚麼好處。

自由職業者一生能賺多少錢？

若青年不得不甘於自由職業的現狀，長此以往，收入就會成為大問題。圖4-3中推算了正式員工、相對固定的非正式員工，以及

兼職工自 22 歲開始一生可以賺取的報酬。相對固定的非正式員工
與自由職業者的概念比較接近。圖中顯示，兼職工一生可賺取 4,637
萬日元，相對固定的非正式員工可賺取 10,426 萬日元，正式員工可
賺取 20,791 萬日元。即便將自由職業者視為相對固定的非正式員
工，其一生可賺取的報酬也只有正式員工的一半。不得不說如此大
的收入差距是不正常的。

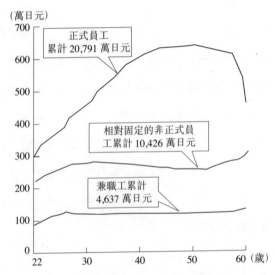

出處：厚生勞動省「工資結構基本調查」，《週刊東洋經濟》，2006 年 5 月 13 日號

圖 4-3　正式員工、相對固定的非正式員工、兼職工三類勞動者的一生所得報
酬對比

自由職業者和啃老族的明天

第三章第一節介紹了自由職業者的平均年薪是 140 萬日元。這意味着很多自由職業者的收入只能將將滿足最低限度的生活需要。長此以往，他們的明天會是怎樣呢？成立家庭、養育子女，這樣的生活雖然再普通不過，可是對於他們都會成為奢望。

啃老族呢？某種程度來說，他們的境況比自由職業者還要嚴峻，因為他們根本不工作，沒有收入，很多時候都只能依靠父母的經濟援助。父母健在還好，一旦父母生病或亡故，他們就會立刻轉為貧困。存在這種潛在危險的人現在多達 60 萬以上。無論自由職業還是啃老族，如不採取對策，都會成為潛在的貧困人群，引發嚴重的事態。第五章第二節將詳述需要採取的對策。

四、階層固化與人力資源危機

格差擴大與階層固化

第三章第五節介紹了機會的不平等化正在擴大，還考察了父母

收入、階層、職業等因素影響孩子的教育水平，甚至成為影響孩子的階層和職業的決定性因素。接下來我們將着眼大局，考慮上述問題將如何影響日本的未來。

很多認為應允許格差擴大的人同時也認為有必要促進競爭、提高效率。然而，格差如果繼續擴大，不平等加劇，極有可能招致階層固化，即子承父業的情況。這樣就會形成一種矛盾——原本是想促進競爭的，結果反倒抑制了競爭。

政治家二代與職業棒球選手的兒子

舉個簡單的例子來說明階層固化。第三章第五節已經介紹過，現在的政治家中有相當多的第二代和第三代議員。最為典型的就是小泉首相之後的自民黨總裁選舉，截至 2006 年 6 月產生了五位候選人，即被稱為「麻垣康三太郎」(麻生太郎、谷垣禎一、福田康夫、安倍晉三、河野太郎) 的五人，他們的父親或祖父都曾是國會議員。政治家的子承父業，就是典型的階層固化。

再舉個與政治家截然不同的職業——職業棒球選手。雖然數目不多，但棒球選手中也有一些子承父業的先例，代表性的是巨人隊的教練長島茂雄，還有先後任南海、養樂多、阪神、樂天隊教練的野村克也，這兩位是家喻戶曉的著名選手、教練。他們的兒子長

島一茂、野村克典也都是職業棒球選手。

儘管他們的子女是在棒球選拔會中被挑選出來的，但是這樣的事依舊成為當時輿論的熱門話題。而對於球隊方面來說，在選拔會上挑出他們，無疑在很大程度上也是看重其父的名聲。由於父輩的成績，他們比其他選手有更多的機會成為一名職業棒球選手。這也是一種階層固化的現象。

難以輕易評判的政治家能力

剛才為了更好地說明階層固化，我列舉了政治家和職業棒球選手的例子，但兩者間是有明顯區別的。

長島一茂和野村克典在成為職業棒球選手之後並沒有父親那樣的卓越表現。雖然一度受到關注，但作為一名棒球選手並未成就太多的業績。長島一茂後來選擇退役，進入了娛樂圈。野村克典現在也在其父任教練的樂天隊打球，不過媒體和棒球迷們已不再像以前那樣關注他了。可見，即便父母的地位在最初階段對子女有利，此後子女的發展還是要靠本人的能力和努力。因為棒球打得如何，大家是有目共睹的。

政治家就不同了。就目前的情況來看，父母是政治家，對於子女進入政界十分有利。很多情況下，子女進入政界時都會繼承父

母的後援團和人脈，接過父母的地盤。其實不論棒球選手還是政治家，都不可能全部「老子英雄兒好漢」。然而與棒球選手不同的是，很難以簡明易懂的方式對政治家的能力進行評判。因此「世襲」的政治家很難像職業棒球選手的子女那樣被自然淘汰掉。

階層固化

前文用兩個簡單的例子說明了階層固化的堪憂現狀。如果一些不適合某一地位或職業的人由於其父母的實力和背景而出任該職，能說這是促進競爭的做法嗎？如果不適合從政的人成為政治家，就意味着剝奪了適合從政的人的機會，這無疑是不利於社會發展的。如果僅僅因為其父母是政治家，就必須推舉一個無能的政治家的話，萬一這個人走上了領導地位，甚至有可能給國民帶來危機。即便只是從人力資源運用的角度來看，也是有負面效果的。

第三章中的圖 3-3 顯示了很多職業中的階層固化趨勢。可以說，各行業中都或多或少存在着不同程度的人才未能實現最優配置的問題。

階層社會的英國

現在我們來看看外國的情況。有些海外國家也是階層社會，

歐洲的英、法就是典型的階層社會，即貴族、富人、白領、藍領都是世代相傳的。英國就是這種典型的世代沿襲的階層固化社會。

我在青年時代（20世紀80年代）曾赴英國留學，當時經常聽到「working class」（工人階級）這種說法。在日常生活中也經常聽到人們以階級來評判一個人，這讓我深受衝擊。可見，英國社會階級分明，甚至影響到人們的日常生活，是評判一個人的重要標準。

不同階級間的用語也截然不同。同是英語，布萊爾首相那樣的精英使用的是牛津劍橋風的優雅英語。著名的足球選手碧咸使用的則是典型的工人階級的英語。即便是我這樣的外國人，也能聽出布萊爾首相和碧咸之間的英語差異。階層和階級深深根植在社會之中。不過也有人認為，碧咸的英語雖然說得不夠優雅，但他是憑藉自身的能力和努力收穫了成功，也獲得了高額的收入和資產，還是應該將其評價為成功人士。

該如何看待上述階層社會呢？我個人認為，一個階層固化、無法反映個人意願和能力的社會不能算是理想的社會。不過，這也是個價值觀的問題。現在日本社會也呈現出階層固化的趨勢。是讓格差繼續擴大，將日本引向階層固化的社會？還是應該減緩階層固化的趨勢，糾正格差？這是關乎國家未來的重要問題。

五、可以接受的格差底線

格差勢必存在

前文我們一直在談論如果格差繼續擴大將會出現哪些問題。本章最後將分析格差的原理，論及理想的社會形態。

無論何處都存在格差，這的確是事實。這樣看來，我認為小泉首相所說的「格差哪個社會都有」是百分百正確的。世間不可能有零格差的社會。世上有的人能力強，有的人能力弱，各人的能力勢必有差別。此外，有的人勤快，有的人懶惰，有的健康，有的生來有缺陷，這種能力、性格和健康方面的差別普遍存在。然而我不認為可以百分百容忍上述格差的存在，不贊同將其全部推諉為個人責任的做法。那麼，究竟可以容忍何種程度的格差存在呢？這又是個見仁見智的問題。

對格差的兩種認識

應該容忍何種程度的格差？面對這一提問，有兩種認識。一種關注的是貧富兩端的差距。也就是說，這種認識討論貧富之間的差

距縮小到甚麼程度才適當，或者討論是否有必要縮小貧富之間的差距。由於這種認識關注的是貧富兩端的差距，因此它容忍貧困人口的存在。另一種討論的是，如何讓底層不再貧困。這種認識雖然承認貧富兩端的差距，但是以沒有貧困的世界為目標。

我自身的價值觀讓我更傾向於後者。因為就像前文已述的那樣，我認為貧困加劇是一個嚴重的問題。

能者多酬的社會

上述第一種認識除了關注縮小格差，還有別的關注點。比如，能者多酬、多勞多得的社會是良性社會——這種主張隨處可見，我也很贊成。有能力的人和多勞者有熱情，就能更好地為文化、技術和經濟的發展做貢獻。為了不讓他們喪失幹勁，也需要讓他們獲得相當的回報。

能者多酬、多勞多得的想法在美國最為根深蒂固。美國人尊重自立，無論風險如何，都格外鍾情於競爭，願意獎勵辛勤勞動的人。所以美國企業的社長有巨額收入不足為奇，因為他們在極其殘酷的競爭中脫穎而出，成為成功人士，其年薪自然是普通員工的 100 倍還多。而在日本，即便是大企業的社長，其收入也不過是普通員工的 10 倍左右，我們看到美國社長與普通員工的收入差距會十分吃

驚。美國就是一個典型的以高報酬獎勵有能力的人和多勞者的社會。

但是美國所追求的徹底的競爭，伴隨着一個重要的問題：有競爭，就有勝者，也有敗者，該如何安頓敗者？

除此以外，還有一個重要的問題，那就是競爭應該建立在機會平等，也就是全體都能參與的基礎上，這一點前文也提過。但是，世上本來就有未被賦予平等機會的人。比如有些人體弱多病，有些人有生理缺陷，從一開始就無法參與競爭。這些都是我們在討論競爭問題時不能忽視的因素。

在考慮了上述問題的基礎之上，國民會判斷可以容忍何種程度的格差。這樣，看待格差問題的態度就成了選舉中的一大主題。比如英國就有左右兩政黨，即保守黨和代表社會民主勢力的工黨。從傾向上說，保守黨認為格差可以繼續擴大，工黨則認為格差應儘量縮小。國民在選舉時決定選擇保守黨還是工黨。也就是說，包含格差在內的整體政策都是選舉時的重要看點。

格差與企業的生產效率

經濟學家經常關心下面這個問題。前文提到，美國社長與普通員工的收入有 100 倍以上的差距，其實英國也與之接近，但其他各國卻鮮有如此巨大的差距。假定某個國家的某家企業存在社長與普

通員工間 10 倍的收入差距，那麼 100 倍差距的企業和 10 倍差距的企業相比，究竟哪個企業的生產效率更高呢？這是經濟學家關注的問題，而且是可以實證考察的。

舉個例子。美國的佳士拿公司和德國的戴姆勒 - 平治公司在 1998 年合併後誕生了戴姆勒 - 佳士拿集團。兩家公司合併以後，曾就社長的收入展開討論。德國與美國不同，普通員工與社長間的收入差距並不太大。當時德國的汽車行業發展迅猛，美國的汽車企業卻已衰退。於是戴姆勒 - 平治公司批評美國社長的收入太高，然後為美國社長設置了與德國社長持平的收入。這個例子說明，格差問題也與企業的存在方式密切相關。

就經濟效率和生產效率而言，從經濟學的角度，我們可以實證「100 倍」好還是「10 倍」好。以汽車行業為例，豐田無疑是世界頂尖的高效率企業。豐田社長的收入要比美國企業社長的低很多，與普通員工間的差距很小。豐田的生產效率極高，這個例子似乎說明社長與普通員工間的收入差距小些更好。當然這只是推論，而經濟學應該做的就是用數據進行嚴格的驗證，我將會在第五章進行這種驗證。

第五章　給格差社會開處方

——擺脫「非福利型國家」

格差擴大會引發各種問題。那麼應該如何糾正格差呢？在最後一章中，我將針對格差社會帶來的各種問題提出政策方面的建議。

一、兼顧競爭與公平

以結果的平等驗證效率和公平

第四章第一節介紹過，效率和公平的此消彼長未必成立。接下來我將詳細說明。

我們生活在自由主義經濟中，必須承認競爭是一個有效的概念。勞動者間的競爭能激發勞動者的能力和幹勁，企業間的競爭則可以提高企業的生產效率。正是由於這樣的競爭，國家的經濟效率才得以提升。然而競爭所在之處勢必產生勝者和敗者，兩者間會出現格差。競爭提高了效率，同時也加劇了不平等，損傷了公平。如果從「結果的不平等化」來看，可以認為效率與公平是處於此消彼長關係中的。

關於此，有一個有力的證據。第二章第四節提過，英國首相戴

卓爾和美國總統列根進行的經濟改革就是以放寬管制促進競爭，大幅減稅，調整福利政策，於 20 世紀 70 年代末到 80 年代實施的這些政策成功挽救並重振了瀕臨崩潰的經濟。然而同時也造成了收入分配不平等的加劇。

英美的上述做法是一個證明經濟效率與公平此消彼長的有力證據。換言之經濟政策提高了經濟效率，但也可以解釋為犧牲了公平。

從機會的平等和不平等驗證效率和公平

若從結果是否平等之外的觀點來看效率和公平的此消彼長關係，可能就會有其他結論。這一觀點就是機會是否平等。機會的平等與不平等關係到人們的教育、就業和在企業中的晉升問題。可以認為，所謂公平程度高，就是保證了機會的平等。

我們想想甚麼是機會不平等的社會？那就是無法實現人人都參與競爭的社會。這樣的社會，很可能無法讓有能力的人、有幹勁的人參與到競爭中來。有的人無法接受教育，有的人無法就業，有的人無法晉升……如果有人連競爭都無法參與，無法發揮其作用，從經濟效率的角度來看無疑是負面的，因為這些原本可以提升經濟效率的人被排除在外了。

從機會是否平等的視角來驗證效率和公平，可以得出這樣的結

論：只有實現機會的平等，才能提高經濟的效率。因此，從機會是否平等的角度來理解公平就會發現，效率與公平並不是此消彼長的關係。相反，提升公平也會有助於提升效率。

日本的效率和公平

如上所述，效率和公平是否處於此消彼長的關係，從不同的視角來看會得出兩種不同的結論。那麼，在日本社會中，效率和公平的此消彼長關係成立嗎？下面我們將具體考察。

日本社會始終着眼於提高經濟效率，降低所得稅。前文已經多次提到，這是為了不損害高收入的有能力者的勞動熱情，是政府對高收入者所提要求的回應。此外，為了促進儲蓄，政府一直在實施針對財產稅的減稅政策。促進儲蓄是為了充實日本的資本積累。然而這一目的和政策是否符合現實需要呢？就是說，如果徵收高額賦稅，勞動熱情是否就會喪失，儲蓄是否就會減少？我對此作了實證研究。

研究結果表明，沒有任何證據顯示，對於日本的高收入者徵收高額賦稅會讓他們喪失勞動意願。據我觀察，高收入者主張減稅，不過是為了規避納稅，給他們降了稅也未見得就能提升勞動熱情。我認為，無論稅金高低，日本國民的勞動熱情一直都很高。賦稅高

低其實並未影響勞動力供給。此外，關於日本國民的儲蓄行為，也幾乎不受利息和分紅徵收的稅率的影響。

稅制改革的目的是不損害有能力者和高收入人群的勞動熱情，以及不影響資本積累，但我認為這是欠缺實證研究支撐的。這是經過多個學術研究確認的結果。相反，即便是高賦稅，也可以保證高勞動熱情和高資本積累。換言之，日本經濟是可以兼顧效率和公平的。

北歐實現了兼顧效率和公平

現實中一些國家實現了兼顧經濟效率和公平，比如北歐國家。大家有目共睹，北歐國家的福利充實，分配平等性和公平性高，且經濟狀況始終很好，可以說實現了效率和公平的並舉。

芬蘭的諾基亞、瑞典的愛立信和沃爾沃，都是世界聞名的企業，經濟效率非常高。與此同時，這些國家國民的教育水平非常高，勞動熱情也很高，而且富有合作精神，願意團結起來提高經濟效率。北歐在 80 年代曾遭遇過經濟惡化，當時也曾調整過福利政策，因為有人批評福利過高。然而在那之後，他們又再一次改變政策方向，將高福利延續至今。可以說，今天的北歐實現了效率和公平的兼顧。

必須強調的是，高賦稅和高社會保障負擔是高福利的保障，而高福利提升了國民的安全感，就保證了高度的勞動熱情。在設計日本的未來時，這種高福利和高負擔的模式非常值得參考。前文已述，日本國民不會因為賦稅高就喪失勞動熱情和儲蓄熱情。因此我認為，在日本是有可能實現北歐式生活的。

有些人反對日本採用北歐式的高福利和高負擔模式，理由是在北歐小國，國民團結，政策容易奏效，但在日本這樣的大國，同樣的政策卻是無法推行的。雖說我無意否認這一點，但也要看是甚麼樣的政策。只要政策得當，是完全可能實現北歐模式的，也完全可以爭得國民的共識。

二、糾正就業格差

救濟低收入勞動者

前文已述，在考慮格差問題時，我格外關注格差的底端。也就是說，我認為，儘量讓貧困人群的數量接近零，這種努力在格差社會中尤為重要。

第二章第二節講過，就業形勢發生變化，給今天的日本格差社會帶來了巨大影響。在此背景之下，以正規勞動者和非正規勞動者為代表的就業格差正在擴大。因此，如何救濟底端那些低收入勞動者是一個十分重要的問題。下面我將針對就業政策提出具體建議。

引入職務工資制

首先，我提議引入同工同酬的制度，即無論正規勞動者還是非正規勞動者，只要從事同一工作，儘量給與同樣的時薪。

這就是職務工資制。職務工資制要求在明確每個人所從事的工作及職務的基礎之上，讓從事同一工作的人獲得同樣的時薪。這樣一來，無論全職員工還是兼職工，在時薪待遇上都沒有差別。由於時薪相同，那麼總工資的差異就只表現為勞動時間的長短差別。這樣可以保證工資的公平性，從結果來說，也有利於提高非正規勞動者的收入。

日本在戰後也曾有機會引入職務工資制，但卻沒有做出這個選擇，而是選擇了年功序列制和生活工資制。現在正規勞動者和非正規勞動者之間的收入差距擴大，非正規勞動者中有不少人靠收入根本無法維持生活，在這一背景下，我們有必要重新探討職務工資制。

荷蘭的工作分擔制

採用上述政策的國家有荷蘭。在 80 年代，荷蘭的失業率非常高。失業率超過 10%，國民的危機意識便會高漲。為了降低失業率，勞資間進行了認真的討論，商議該採用何種政策。最終一致決定，全職員工讓出一些工作機會，讓失業者至少可以以兼職工的形式工作。這就是工作分擔制。引入工作分擔制的同時，採用同工同酬制度，即法律規定，無論全職員工還是兼職工，只要做的工作相同，時薪就相同。結果荷蘭的失業率大幅下降到了現在的 2%~3%。

荷蘭的工作分擔制還有一個別名，叫作「1.5 經濟」。荷蘭有很多全職主婦，這在歐洲各國中是極其罕見的。由於引入了工作分擔制，那些因結婚生子而進入家庭的女性得以再次步入社會。「1.5」指的是丈夫全勤工作 (即「1」)，妻子邊養育子女邊兼職 (即「0.5」)。這些都得益於工作分擔制和同工同酬制。

完善最低工資制度

其次，我提議完善最低工資制度。日本的最低工資過低，且最低工資制度與最低生活保障制度甚至出現了倒掛現象。最低工資標準低，還有很多人在最低工資標準以下工作。因此，提高最低工資

標準將有助於改善低收入勞動者的生活狀況。

要完善最低工資制度，有哪些重點呢？

第一，企業進行生產活動時，如何分配勞動者和管理者所創造的附加價值，即如何決定分配給勞動者、管理者和股東的比例？分配給勞動者的比例通常被稱為「勞動分配率」。

今天日本的勞動分配率處於下降趨勢。無論哪個國家，當經濟不景氣時，勞動分配率都有下降的趨勢，日本也不能避免。我認為，應當採取政策，提高處於下降趨勢中的勞動分配率。這對於保證勞動者的生活是十分必要的。提高勞動分配率，與提高最低工資標準緊密相關。

第二，當提高勞動分配率時，如何進行勞動者之間的分配？我認為應該讓高工資的人做出某種程度的犧牲，並積極提高低收入者的分配率，從而拉動最低工資的上升。

這樣做是由於考慮到企業的現狀，既保證高工資人群的工資水平不變，又提高低工資人群的工資是很難實現的。因此應當適當減少高工資人群的工資，以抵消低工資人群收入上升的部分。

這種做法近似於荷蘭的工作分擔制（全職員工是高工資者，兼職工是低工資者，前者將工作分給後者）。事實上，四五年前，日本失業率很高，當時也有很多地方主張引入工作分擔制。然而，結果只在一部分地方引入了工作分擔制，雷聲大雨點小，沒能推廣開來。從過去的經

驗來看，我提議的以減少高工資人群的收入來提高低工資人群收入的做法是很難被接受的。即便如此，我依舊認為，應該按照剛才提及的第一種方法提高勞動分配率，並將提高部分的七成到八成讓給低工資人群。

第三，有人認為最低工資上升之後，企業會減少雇傭，該如何看待這個問題？這種觀點認為，從企業管理者的角度來看，提高最低工資就意味着勞動費用上升，因此企業將不得不減少用人崗位，於是失業者就會增多。

實際上，我進行的實證研究顯示，在日本，即便提高最低工資，也不會導致就業崗位減少或給就業帶來負面影響。關於這一點，在我與浦川邦夫合著的《日本的貧困研究》(東京大學出版會，2006年) 中有詳細介紹。書中的研究顯示，提高最低工資，可以讓工資分配趨向平等。

以上，我介紹了提高最低工資的重要性，最後還想說幾句個人感想。對於那些不願意提高最低工資的企業管理層，我很想問問他們：「如果你們的兒子 (或者女兒、妻子) 只有每小時六七百日元的收入，你們將作何感想？」六七百日元根本無法維持生活，如果真的設身處地為他們想一想，一定不會不為所動。希望這幾句感想能引起企業高管的共鳴。

青年希望擺脫自由職業者的狀態

再次，我想談談該如何解決青年低收入勞動者中具有代表性的自由職業者的問題。

第四章第三節介紹過，很多人是不得已才淪為自由職業者的，這就意味著，大多數自由職業者是希望有一個固定工作的。圖 5-1 是針對自由職業者所進行的關於今後職業生活的調查，並按男女分別統計。其結果顯示，有男女共計約 70% 的被調查者表示打算脫離自由職業，找一個固定工作。其中男性比例更高，超過 80%。

女性比例比男性略低，將將超過五成。關於男女的這種差異，我也想簡單說兩句。女性除了工作還有其他人生選擇。既有想工作一生的人，也有想結婚之後做全職太太的。後者一般以結婚為契機結束職業生活，因此不會太拘泥於成為一名正式員工。女性想要過哪種生活是個人自由，對此我無意多言。

然而，大多數男性自由職業者想要成為一名正式員工，有相對穩定的收入，過上體面的生活，然後結婚、生子，成為一家的頂樑柱，支撐家計。如果無法擺脫自由職業狀態，許多青年很難展望未來。他們無法結婚，無法生子，最後不得不加入貧困老年一人戶的隊伍。而第四章第三節曾介紹過，啃老族的情況比自由職業者還要糟。不難想像，這些社會問題在今後一定會更為嚴峻，需要予以解決。

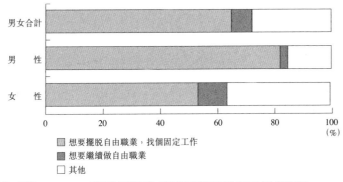

出處：根據 Recruit Works 研究所《關於打零工等勞動形態的調查》(2000 年) 製作而成

圖 5-1　男、女性自由職業者對今後職業生活的期待

讓啃老族和自由職業者擺脫困境的政策

我認為，為了擺脫上述問題，政府部門應該進行積極干預。我已多次說過，企業是不會積極將自由職業者轉換為全職正式員工的。以前一般都是由企業進行新入職員工的職業培訓。但是在長期不景氣的影響下，企業已沒有經濟實力延續以往的做法，不會再提供職業培訓了。另外，現在日本的勞動市場流動性很大，跳槽的青年很多。從企業角度來看，他們擔心自己為青年的職業培訓投資，到頭來青年還是要離開。因此，除了為一部分有望成為骨幹員工的後備幹部提供培訓外，現在企業已經不再為新入職的年輕員工提供

職業培訓了。所以那些學歷低、欠缺職業經驗的自由職業者甚至啃老族，就很難期待企業會給他們提供培訓。

在這種情況下，政府部門有必要採取對策，為自由職業者和啃老族提供職業訓練，將他們培養為合格的勞動者。青年如果接受了職業訓練，一定能感受到勞動的快樂，激發起勞動的熱情。政府的政策能成為青年進入企業、開始正式全職工作的重要推手。

可以認為，除了自由職業外別無選擇的年輕一代，直接受到了機會不平等的負面影響。具體來說，他們在就業期遭遇日本經濟大蕭條，不得已淪為自由職業者，時代未能賦予他們機會。政府是國民的代表，理應有所作為，補償他們。

他國的成功案例

國外的成功案例，具有代表性的就是英國布萊爾政府實施的新政。其內容就是由英國的類似於職業穩定機構中的工作人員擔任顧問，他們與無業人員或兼職工一對一面談，確定每個人需要怎樣的訓練，或者適合怎樣的職業，並決定提供訓練還是介紹工作。職業訓練的費用由國家負擔。這一制度在英國獲得了成功。

再來看看其他國家。丹麥和瑞典也以財政手段積極支援職業培訓。對於有子女的勞動者，還同時提供育兒支援（如休產假期間的收入

保障)。可見，很多國家都採取了積極的就業支援政策。

日本的就業政策處於國際最低水平

日本的情況如何呢？圖 5-2 展示了日本及其他發達國家與就業相關的財政支出在 GDP 中的佔比。圖中所說的消極的就業財政支出主要是指支付失業保險，即為保障失業期間的生活間接支援失業者找工作而進行的財政支出。積極的就業財政支出是指職業培訓、職業介紹、育兒支援等為消除失業而積極進行的財政支出。

就業能力 (employability) 指的是勞動者被企業錄用的可能性。比如勞動者的技能和熟練程度一旦提高，企業錄用的概率也會相應提高。與提升就業能力相關的財政支出就是為了提高被企業錄用概率而進行的支出。可以認為，積極的就業財政支出和就業能力支出，都是政府為方便就業進行的具體支援政策的數字化體現。

從圖 5-2 可以一目了然地看到，日本和美國就業相關的財政支出十分低，其 GDP 佔比都在 1% 以下。可以說，日本和美國幾乎都沒有甚麼就業政策。英國的數值雖然也不算高，但在實施前述的新政以後卓有成效，比日本和美國的支出要略高一些。數值高的是瑞典、法國、德國、丹麥、荷蘭等國，這些國家的政府部門會提高有關就業政策的財政支出，或者說願意花錢提高國民的就業能力。日

本這一數值之低説明幾乎沒有支援青年就業的政策。

　　從數值可知，日本，日本政府應該更加積極施政，在職業訓練或是其他國家開展的職業介紹方面採取積極的政策支持，以增加就業人數。

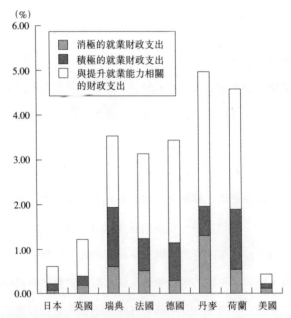

出處：OECD, Labour Market Policies and the Public Employment Service, 1996-1999

圖 5-2　OECD 各國的就業相關支出（佔 GDP 的比例）

三、激發地區活力

為招商引資創造基礎環境

第三章第四節介紹了結構改革和公共事業削減背景下的地方衰退問題。前文反覆提到，以往的公共事業雖存在問題，但也支撐了地方的經濟。現在公共事業削減了，卻未見出台替代它的地方支援政策。這就加劇了地區間的格差。

另一方面，地方靠中央政府撥款過活的時代已經結束，光靠中央政府很難實現真正的地區振興，必須發動地方政府和民間的智慧，激活地方經濟。那麼，具體有哪些政策呢？我想就此談幾點想法。

首先最重要的是，出台有助於企業進駐地方的政策，讓企業活動激活地方經濟。現在，包括第三產業在內的企業全部集中在大城市，有必要出台能增加地方企業、激活地方各產業的政策。為了讓企業積極地入駐地方，基礎環境是不可缺少的。各個地方政府應該集思廣益，努力實現這一點。

招商引資的實踐

下面舉幾個實際例子加以說明，希望能有助於大家理解我的提議。2002 年，三重縣龜山市建起了聲寶的液晶工廠。之所以能成功招商引資，主要是時任三重縣知事的北川正恭率領當地政府集思廣益的結果。三重縣的政策就是提供低廉的土地，或是降低賦稅，讓企業感受到當地的魅力。聲寶也不負三重縣的期待，將其事業板塊中發展最快的液晶工廠放在了三重縣的龜山市。工廠一建立，就要雇傭大量勞動者，對當地的就業有所貢獻。

除三重縣外，汽車零部件行業的巨頭 —— 愛信精機宣佈要在北海道苦小牧興建工廠，佳能也表示要在九州大分市建設大型工廠，兩者都預計在 2007 年投產。可見，繼三重縣的龜山市之後，大企業已經開始在各個地方興建工廠了。不過有報告顯示，聲寶的龜山工廠雇傭了大量非正規勞動者，現在評論還為時尚早。

擴充醫療和護理機構

激活地方經濟不能單靠招商引資，還需要建設一個宜居的環境，吸引人前來定居。這也是地區復蘇的推動力之一。

必須指出的是，地方不似大城市交通擁堵，住房狀況良好，適

宜居住。舉例來說，一個眾所周知的事實是，日本最宜居的地區是北陸三縣的富山、石川和福井。

要想打造宜居環境，需要擴充醫療和護理機構。日本已經開始人口老齡化進程，特別是地方的老齡化進程更為迅速。老年人口在醫療和護理方面有很多需求，但卻經常聽說地方醫生數量短缺。

如果地方能建起擁有優秀醫生的醫院和專業的護理機構，人們一定會聚集而來。勞動者的父母可以就近就醫，也可以入住護理機構，安心度過餘生。宜居的環境形成了，就能吸引人前來定居。

秋田縣鷹巢町就是一個成功的案例。這裡一直苦於經濟衰退。1991年，新町長就任後，擴充了護理機構，致力於為老年人謀福利，終於吸引了很多老年人移居到此，鷹巢町也成為享譽全國的福利之町。（不過好景不長，2003年町長改選後，情況發生了一些變化。）

除老年人口外，第三章第三節中還提到了全國性的產科、婦產科、兒科醫生短缺的問題。可見，擴充醫院等醫療機構對年輕一代而言也是助益良多的。

此外還需要充實學校教育，為兒童和青少年提供良好的義務教育和中等、高等教育。確保壯年勞動力就業，為其年老的父母提供完備的醫療和護理機構，再讓其子女接受良好的教育。另外，地方土地低廉，在提供居住環境方面比城市更具有地利。如果能做到這些，地方完全有可能迎來全家「移民」的熱潮並復興經濟。

扶持農業的必要性

不可遺忘的還有一點，就是必須保證地方農業人口的收入，讓其過上穩定的生活。農業的生產效率普遍不高，因此收入也低。我們需要的不是補貼農產品價格來提高農民收入的政策，我們需要的是提高農業生產效率的政策。比如改良品種、改進農機農具，再如提高農業用地利用效率的政策，以實現農業用地與作物的最佳匹配。這些絕非一家一戶可以做到的，需要政府與民間(企業、農協等)的合作與支援。

中央應支援地方自立

前文提到了要充實醫療、護理、教育機構，改善居住環境，機構運轉起來也需要大量的勞動力和財力，因此中央的地區支援政策必不可少。小泉首相提出的「從中央到地方」不應該是放棄地方，而應該是促進地方復甦、讓地方自立的政策。不是以往那種中央政府給地方分配公共事業的做法，而是讓地方政府和當地居民集思廣益、努力做事，中央則做好支援地方的堅實後盾。

地方為了確保財源可以採取以下措施。第一，以往用於公共事業的財源現在可以部分用於上述支出。第二，當地人口增加後，工

作也會增多，法人稅和所得稅也相應增加，這些稅收可以應用於以上支出。此外某種程度上還是不得不依賴於中央的支援。通過上述兩項舉措，可以期待激活經濟的乘積效果。

四、保證接受教育的機會

獎學金制度和公立教育改革

接下來，我想就教育制度，提出一些糾正格差的方案。第四章第三節提到了啃老族和自由職業者大多是初高中學歷，也就是說，低學歷的青年大多成為低收入勞動者。第三章第五節提到了在現代日本社會中，一個人能否受到良好的教育很大程度上取決於其父母的階層、職業和收入。如果父母社會階層高，就會為教育投資，否則就只能忍受「貧窮」教育，成為低收入勞動者，形成惡性循環。可見，要想糾正階層固化，關鍵是教育。

具體可以實施哪些政策呢？首先就是完善獎學金制度。無論是誰，只要想接受教育，不管家計狀況如何都有受教育的權利。現在日本的情況是完全讓父母承擔教育費，這種做法並不能算健全的做

法。與其他國家相比，日本的獎學金制度並不充實。我已經不止一次地提出日本的教育越來越喪失了機會的平等這一觀點。要想恢復機會的平等，唯有完善獎學金制度。

第二，政策上必須擴充公立學校。第三章第五節介紹過，私立學校（小學、初中、高中）的存在感正在加強，為了提高名牌大學的升學率，這些私立學校開發特色課程，實施合理的教育，贏得了很高的人氣。但是學費比公立學校高，想要考上這些學校也需要專門備考，上補習班或聘請家庭教師，這是窮人家的孩子根本無法做到的。因此更加需要擴充公立學校。

小班教學、增加教師人數、改革機制以招募到優秀教師，等等。這些政策是擴充公立學校必不可缺的。可是現實中的做法卻與之背道而馳，比如前文提到的下調教師工資的政策。

日本的公共教育支出處於世界最低水平

為了完善教育制度，政府應該增加教育投入。從圖 5-3 中可以看得很清楚，日本公立教育的 GDP 佔比處於發達國家中的最低水平。法國為 6.0%，英國和美國約為 5%，日本僅為 4.1%。丹麥等北歐各國高於歐美的平均水平。

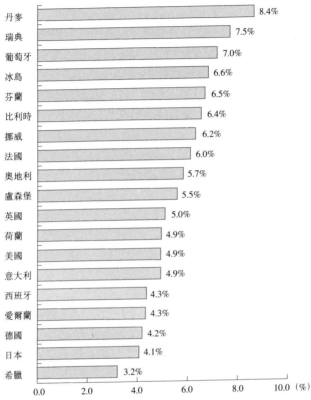

丹麥	8.4%
瑞典	7.5%
葡萄牙	7.0%
冰島	6.6%
芬蘭	6.5%
比利時	6.4%
挪威	6.2%
法國	6.0%
奧地利	5.7%
盧森堡	5.5%
英國	5.0%
荷蘭	4.9%
美國	4.9%
意大利	4.9%
西班牙	4.3%
愛爾蘭	4.3%
德國	4.2%
日本	4.1%
希臘	3.2%

教育：初等前教育、初等教育、中等教育、高等教育，以及提供給教育的輔助性服務等。
註：數值為教育支出的 GDP 佔比（2002 至 2003 年），美國按照功能不同分為 9 類（環保除外）。
出處：OECD, General Government Accounts, 2003-2004

圖 5-3　比較各國的公共教育支出

　　從這個意義上看，日本對公立教育的公共支出超乎尋常地低。

已經如此低了，卻還在進一步削減這項支出，讓人不得不擔心日本

教育的根基。世界各國的公共教育支出都保持在一定水平，以培養肩負國家未來的優秀國民。日本的現狀完全與世界潮流相背。

我在第三章第五節中已經提到，近年來大學的學費在上漲。私立大學自不用說，就連上公立大學的負擔都很重。削減公共教育支出已經造成了如此惡劣的影響，日本應該加大教育支出力度。

建立職業教育體系

前文我們主要談了制度和財源。而除了調整制度和增加支出外，自然也應當充實教育的內容。

比如，日本現在的中等教育過於把考大學作為第一目標。因此，普通高中的數量是所有高中裡佔比最高的。而農業高中、工業高中和商業高中等培養畢業後就能為社會做貢獻的人的職業教育卻幾乎沒有開展。從學生數量來看，普通高中也是壓倒性的主流。然而，我認為對今天的日本社會來說，學校裡的職業教育是十分重要的。應該調整教育機制，讓學生掌握步入社會後能用到的技能。

之所以這樣想，是因為日本社會中存在大量的啃老族和自由職業者。我曾經關注並調查過自由職業者接受的是哪種高中教育，結果發現，很多自由職業者都是升學率不高的普通高中的畢業生。原因之一是很多普通高中以考大學為目的，畢業生一旦落榜，多數情

況下都再無任何支援。

可以說，普通高中根本沒有職業教育。既考不上大學，又沒有馬上能立足社會的一技之長，從某種意義上說，這些青年們淪為啃老族或自由職業者也是必然。本書已經多次講到，以前都是企業負責職業訓練，但現在企業已經沒有這個餘力了。我認為，必須將職業訓練融入學校教育的環節當中。

而對於已經成為啃老族、自由職業者的人，就像我在本章第二節中介紹的，應由公共機構提供職業培訓。

前文主要介紹了高中的情況，其實大學中也有類似的情況。大學也應該充實邁入社會後能有所助益的專業科目和實踐性教育。以前的大學是為社會儲備精英，現在大學普及了，就應該轉為充實職業教育。

五、加速貧困救濟

調整最低生活保障制度

本書已多次談到，在格差擴大之中，包括貧困人群在內的弱勢

群體正逐漸喪失社會的支援，情況十分嚴峻。支撐日本社會福利的最大支柱本是企業和家庭。但是社會結構變化，財政困難，現在兩者都很難支撐福利了。儘管如此，在「小政府」的潮流之中，公共福利還在被進一步削減。上調社會保險費、增加個人負擔、減少社會保險給付金——這些社會保障制度方面的政策接二連三地出台。在這種狀況之下，現在弱勢群體亟須救濟。那麼，哪些政策值得考慮呢？

首先是關於最低生活保障制度的政策。日本最低生活保障制度最大的問題是，理應接受最低生活保障的低收入人群無法領取最低生活保障。這就是說，理應是最低生活保障救濟對象的人未得到救濟，生活十分困苦。

為何會這樣？首要的因素應該是日本人的民族性——覺得接受最低生活保障是件恥辱的事，很沒有面子。所以有的人就乾脆不去申請。當然，某種意義上來看，這也許是個別問題，不值得小題大做。

日本的最低生活保障標準過於苛刻

然而，下面所說的制度上的問題也是一個重要因素。第一是經濟狀況調查，這是一種包括資產調查在內的資格審查，要審查一個

人是否真的具有接受最低生活保障的資格。經濟狀況調查的標準在日本非常嚴格，比如儲蓄達到一定程度就無法通過。媒體還曾報道過，買了空調也不能再領取最低生活保障了，諸如此類的限制很多。

以前曾出現過暴力團（黑社會）成員等本不貧困的人領取最低生活保障金的情況，後來被公之於眾，人們紛紛呼籲應該發放給真正貧困的窮人。要求最低生活保障發放具有公正性，這也是經濟狀況調查如此嚴格的背景之一。

我並不反對經濟狀況調查本身。因為最低生活保障的來源是國民的稅金，當然必須嚴格甄別接受最低生活保障的資格。然而，如果標準過於嚴苛，也會讓原本應該接受救濟的窮人得不到救濟。

第二，最低生活保障的申請手續十分複雜，不僅要準備各類材料，耗時、勞神還花錢。真正生活困難的人要辦好這些手續絕非易事。從結果來說，這就相當於抬高了接受最低生活保障的門檻。

第三，家屬或親屬裡有支援能力的，政府一般會要求當事人向他們求援。法律規定，三代之內直系親屬有義務支援。我認為，這正是癥結所在。

日本的傳統是家屬和親屬互相幫助，支撐彼此的生活，從這個意義上來說，也就是家庭成員承擔了福利的作用。這一點原本體現了日本這個國家的優越性，但是現在，來自家屬和親屬的援助已經十分有限。家庭構成與親屬間的聯繫相比之前都發生了很大的變

化。所以讓窮人先接受家屬和親屬援助的原則已經不再適用於現實。這也是原本該接受救濟的人無法接受最低生活保障的原因之一。

第四，對於有勞動能力的貧困家庭，政府首先會積極勸説其工作。這個做法本身沒有問題，但是工作崗位有限，有限的工作崗位又都把工資壓得很低，政府也應該充分考慮到這一情況。

經過這樣一番考察，我們就會明白，在日本，接受最低生活保障的條件十分嚴苛。這樣一來，原本應該領取最低生活保障的人卻領不到，就很有可能陷入貧困。我認為，應該擴大救濟對象範圍，為了達到該目的，甚至可以採取降低現行給付金額這樣一種「下策」。

薄弱的失業保險制度

接下來談談失業保險制度（日本稱為雇傭保險制度）。現在日本的失業率略有下降，但仍高於以往水平，失業者依舊很多。這些人在失業後很難找到新工作，容易淪為貧困人群。因此，完善失業保險制度對於救濟貧困人群和弱勢群體是非常重要的。

日本的失業保險存在很多問題。第一，現實中只有一半左右的勞動者加入了失業保險。如前文所述，只有每週工作 20 個小時以上，且雇傭時長和雇傭合同在一年以上的人才能加入失業保險。非

正規勞動者大多無法滿足這個條件，結果是很多人無法加入失業保險，失業後也無法領取失業保險金。

第二，領取期限短。領取期限與加入失業保險的時間長短有關（即在某處工作了幾年）。通常，失業保險的領取期限為三個月到半年。只有工作經驗在 30 年以上的人，失業時才能領到一年以上的失業保險。對於最普通的勞動者來說，失業保險的領取期限太短了。在經濟不景氣的背景下，三個月到半年的時間很難找到新工作。

失業保險應用於失業者

應如何解決上述問題呢？必須同前文提到的最低生活保障制度做同一考量。也就是說，既然現實中無法加入失業保險的人越來越多，那就應該降低門檻，放寬勞動者的加入條件。同樣，領取期限也要延長，否則無法減輕生活負擔，也就失去了保險的意義。所以應該延長失業保險的支援期，以便失業者找到新工作。

我還想就上述政策的費用來源提幾點建議。

第一，應提高加入失業保險的勞動者的保險費。這是為了救助那些未能享受失業保險的失業者而不得不做的。

第二，失業保險原則上只應用於保障失業者的收入。在日本的失業保險制度除了失業援助還有各種補助，比如休產假期間的收入

保障，或是企業雇傭老年人時的工資補貼等。這些費用很多情況下都是從失業保險金中支出的。我認為失業保險制度原則上是讓失業的人領取救濟的制度，應予以貫徹。失業以外的費用應移至其他制度項目下支出。

第三，以往公務員並不加入失業保險制度，現在也應當加入。因為時代變化了，公務員也應該與民營企業的勞動者在同等條件下勞動。

我認為，通過完善失業保險制度可以有效減少貧困人口數量，或有助於貧困人群的收入保障。

六、稅制和社會保障制度的改革

累進稅率下降

接下來，我們談談稅制和社會保障制度。稅制和社會保障制度是直接關係到收入的因素，對收入格差的影響可謂很大。所以要想糾正格差社會中存在的問題，改革稅制和社會保障制度是必不可少的。

前文已多次談及，近 20 年來，日本的累進稅率急速下降。所得稅的最高稅率在 20 多年前為 70%，現在是 37%。不僅是所得稅，繼承稅的累進率也在下降。可以說，所得稅和繼承稅的最高稅率下降和累進率下降很大程度上助長了收入分配的不平等化。

高逆進性的消費稅

稅制中的消費稅也極大地助長了收入分配的不平等化。消費稅原則上是具有逆進性的稅。所謂逆進性，就是指從低收入者那裡徵收高額的稅，從高收入者那裡徵收極小額的稅。逆進性與累進性呈現出截然相反的特徵。

為何說消費稅是逆進性的呢？就消費在收入中的佔比而言，越是高收入者就越低，越是低收入者則越高。高收入者的收入有很大一部分可以用於儲蓄，而低收入者則沒有節餘可用來儲蓄，其收入中的很大一部分都用於消費。所以低收入者的消費比率高，也就是消費稅的逆進性高。1989 年開始實施消費稅時的稅率是 3%，現在提高到了 5%，可以說逆進性又上升了。

所得稅、繼承稅二者的累進性下降了，而消費稅的逆進性卻上升了。因此，這種稅制的變化也助長了收入分配的不平等化。

社會保障制度中的逆進性

接下來考察社會保障制度。所謂社會保障制度，具體而言是養老金、醫療、護理、失業等相關制度。也就是向國民徵收社會保險費，將其作為財源，以養老金、醫療、護理等形式支付給國民，也叫作社會保險制度。順帶説一句，救濟貧困人口的最低生活保障制度被稱為社會扶助制度。

日本制度的特徵在於，用於社會保障支出的費用來源不僅依賴於社會保險費，還有一部分來自税金（社會扶助制度也以税金為財源）。比如，國民年金中 1/3 的支付金來自税金，最近税金所佔比率還將由 1/3 提升至 1/2。失業保險支付金中的 25% 也來自税金。

第二章第三節已經提到過，從收入再分配效果的角度來看社會保障制度，包括養老金在內都存在逆進性。比如，無論誰加入國民年金，無論收入高低，都要繳納每個月 13,860 日元的固定數額。這就是逆進性。

從徵收保險費的角度驗證了社會保障制度的逆進性。另一方面，從支付角度來看，無法驗證是逆進性還是累進性。因為社會保障的支付只有當人們陷入疾病等不幸時才會進行，因此很難從支付制度的角度來判斷是對高收入者有利還是對低收入者有利。

稅收和社會保障的再分配效果比較

通過比較稅收和社會保障對再分配效應造成的影響，我們能有何發現呢？由第一章表 1-1 中的不同「再分配係數」可知，首先，日本依靠稅制實現的收入再分配，其效應近年來急速減弱。原本日本依靠稅制實現的再分配效應就十分有限，現在還在繼續減弱。這也佐證了累進稅率急速下降帶來的影響。

另一方面，社會保障制度的再分配效應近年來有所提升。前文提到從徵收角度來看，社會保障制度存在逆進性。因此可以認為，這種效應的提升很大程度上依賴於支付環節。

那麼，日本的稅收和社會保障制度的再分配效應在國際上處於怎樣的位置呢？表 5-1 體現了稅收和社會保障制度在國家分配政策中的貢獻程度。

由下表可知，日本再分配前和再分配後的堅尼係數差為 7.5，是 OECD 加盟各國中最小的。表中的十國之中，再分配效應最明顯的是瑞典，為 25.7。再強調一遍，北歐各國是典型的福利國家，稅收和社會保障的再分配效應非常大，下述數值也可以印證這一點。僅次於瑞典的是比利時，為 25.5，以及丹麥，為 20.3。與這些國家相比，日本依靠稅收和社會保障帶來的再分配效應非常有限。另外，雖然美國是「小政府」的代表，但是也達到了 11.1，而日本竟

比美國還低。必須承認，日本是再分配效應最弱的國家。

表 5-1　稅收和社會保障制度的再分配效應

	再分配前的堅尼係數 （A）	再分配後的堅尼係數 （B）	效果 （A）—（B）
意大利	51.0	34.5	16.5
美國	45.5	34.4	11.1
澳大利亞	46.3	30.6	15.7
德國	43.6	28.2	14.4
比利時	52.7	27.2	25.5
日本	34.0	26.5	7.5
荷蘭	42.1	25.3	16.8
芬蘭	39.2	23.1	16.1
瑞典	48.7	23.0	25.7
丹麥	42.0	21.7	20.3

註：堅尼係數是位於 0 和 1 之間的數字，本表中為了方便識別，將堅尼係數乘以了 100。

出處：Oxley, H., J. M. Burniaux, T. T. Dang, and M. Mira D' Ercole, 「Income distribution and poverty in 13 OECD countries,」OECD Economic Studies, no. 29, 1999, pp. 55-94

不繳納國民健康保險者增多

一系列數據顯示了日本稅制的再分配效應在減弱。從國際上看，日本的稅制和社會保障帶來的再分配效應有限，這應該是今天日本社會格差擴大背後的原因。面對這種狀況，可以採取哪些對策

呢？在談及具體政策之際，首先需要審視現在圍繞社會保障出現了哪些現實問題。

第一，國民健康保險的保險費滯納者在增多。國民健康保險是企業退職人員（下崗或退休等）或個體戶等人加入的醫療保險制度。國民健康保險的滯納者近幾年來增加了很多（圖5-4）。

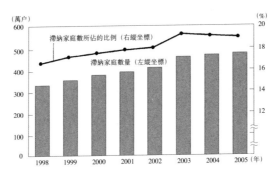

註：截至6月1日
出處：厚生勞動省資料

圖5-4　國民健康保險的保險費滯納家庭數量的變化

1998年，滯納家庭佔比超過了16%，現在已經增長到了19%。國民健康保險是工薪階層以外的人群加入的保險，其初衷是實現全體國民都參保的醫療保險制度。儘管如此，企業退職人員（下崗或退休等）和個體工商戶中無法支付保險費的人還是在增多。

不繳納醫療保險費，生病時就無法報銷醫療費。生病時的收入保障是讓人生活下去的具有重大意義的制度。如果連這個都無法保

障,很多人便無法安心治病,這的確是個嚴峻的問題。日本一直誇示自己「全民皆保險」的醫保制度,可是現實實在與之相去甚遠。

第四章第二節提到了美國的健康格差問題,即貧困人群無法接受令人滿意的醫療,很多人英年早逝。不能說日本未來不會出現這種問題。

青年不繳納國民年金,未來堪憂

第二是不繳納國民年金的問題。媒體經常報道不繳納國民年金的問題,有近四成加入國民年金的人沒有繳納國民年金保險費。我認為,從這一數字也能看出國民年金制度的根基已經崩潰。

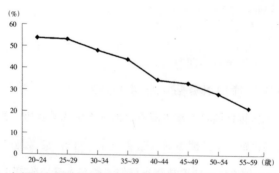

註:未繳率 = 年度國民年金保險費未繳納月份數 (不包含全額免除的月份和學生繳付特例月份數) /
年度國民年金保險費應繳納月份數
出處:根據社會保險廳的「社會保險事業概況」製作而成

圖 5-5　不同年齡段國民的國民年金未繳率 (2002 年)

這些未繳納國民年金的人中有特別多的青年。圖 5-5 顯示了各個年齡段的國民年金未繳率，20 歲左右年輕人的未繳率超過 50%。30 歲人群有所下降，50 歲人群降至 20% 到 30%。可見青年不繳納國民年金已經成為一個嚴重的問題。

再過 20 年、30 年，這些未繳納國民年金保險費的青年會步入中年和老年，那時的情況可想而知。這些青年或許就是自由職業者、兼職工，或是失業者、啃老族。步入中老年以後，如果他們還是自由職業者之類的話，那他們極有可能一生都不繳納國民年金保險費，也就無法領取養老金。這樣一來，未來的日本將出現大量無養老金人員，也就是貧困階層，這是非常讓人憂慮的。

提升所得稅的稅收負擔率

在考察了上述具體問題的基礎上，為糾正格差，接下來我將就怎樣改革日本稅制和社會保障制度提幾點建議。

第一，所得稅的累進率下降是格差擴大的重要原因，因此應該實施政策予以阻止。具體而言，已經降到 37% 的所得稅最高稅率應該提高到 50% 左右。日本社會對此有兩種完全對立的意見。政府稅制調查會在對此進行討論時，有人說「累進率降得太低了，應該提高」，也有人說「現在的累進率沒有問題，應該再降低」。政治家

的意見也不一致，最終還是要交由國民來判斷取捨。

　　我不主張恢復到以往曾出現過的 70% 或 80% 那樣的最高稅率，認為 50% 上下最為合適。無論如何，現在的累進率下降是個問題，必須予以糾正。

日本的稅收負擔率在發達國家中最低

　　採用提高所得稅累進率的政策，可以提高所得稅的稅收負擔率。不過，一定會有人強烈反對，說應該進一步降低所得稅的稅收負擔率，提升負擔率是不符合時代趨勢的。

　　然而對比世界發達國家可知，日本的稅收負擔率是非常低的（圖 5-6）。瑞典的稅收負擔率為 49.3%，其次是法國和英國，約為 38%，美國也達到了 23.8%，而日本的稅收負擔率僅為 21.5%。可見，日本的稅收負擔率在世界發達國家中是最低的。

　　個人所得稅的稅收負擔率與各國相比也非常低。瑞典為 21.5%，其次是英國、法國、德國，在 10% 到 14% 之間，美國也為 12.1%，從圖 5-6 可知，日本只有 6.0%，所得稅的稅收負擔率也是發達國家中最低的。

　　上述結果說明，日本還有提升所得稅負擔率的空間，因此我提議，應出台提升所得稅率的政策。

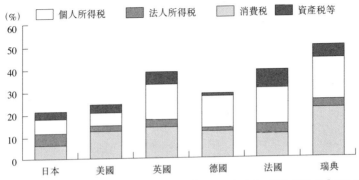

（％） □ 個人所得稅　▨ 法人所得稅　▨ 消費稅　■ 資產稅等

註：日本按照 2005 年度計算，其他國家依據 OECD「Revenue Statistics 1965-2003」及「National Accounts 1991-2002」。針對收入徵收的稅中包含對資產性收入徵收的稅。

出處：財務省主頁

圖 5-6　各國的針對國民收入的稅收負擔率（國民繳納的稅款佔其收入的比例）

　　提升所得稅率時要考慮從哪個階層中收取所得稅。我認為，從高收入人群中收取的比例可以高於從低收入人群中收取的比例，這樣才能讓下降的累進率恢復到原有程度，有利於糾正擴大中的格差。

引入「累進消費稅」，推行養老金改革

　　下面是關於社會保障方面的建議。我建議，在為社會保障制度籌集基金之際，應儘量提升其中稅收的佔比，降低社會保險費的佔比。其中關於養老金的部分，應引入「基礎養老金全額稅方式」。我在 2005 年出版的《將消費稅提升至 15% 以推行養老金改革》（東

第五章　給格差社會開處方　　189

洋經濟新報社，2005 年) 中有詳細介紹。一言以蔽之，就是實施基礎養老金的全部基金都來自消費稅的政策。

前文提到，國民年金的未繳率在上升，如果引入全額稅方式，只要徵收消費稅，不繳納國民年金的問題就迎刃而解。如果可以實施這一改革，今後退休的人就可以切實領取養老金了。

要想從消費稅中增加財源，就要提升現行的 5% 的消費稅稅率，我認為 15% 左右比較合適。很多人不贊同提升消費稅的做法。但是前文已經考察過，日本的稅收負擔率處於發達國家中的最低水平。歐洲各國的消費稅率大致都在 20% 到 25% 左右。日本現行的消費稅的負擔率也是較低的。

不過，在提升消費稅率之際，必須要注意到一點，那就是前文提到的消費稅具有逆進性的特徵。因此，如果一刀切提升到 15%，對於低收入層將是很大的負擔。考慮到公平性，應該讓消費稅具有累進性。也就是說，對食品、教育、醫療等生活必需領域的支出不徵稅，只對其他普通物品徵稅，對奢侈品要徵收高於 15% 的稅。這樣做，消費稅就具有了累進性，既能確保養老金的財源，又能實現累進性的消費稅、保證公平，國民也就能放心接受。

像消費稅這樣的間接稅最適合於提高經濟效率。也就是說，徵收直接稅和保險費通常被認為會破壞國民的勞動熱情和儲蓄願望，或者破壞企業投資設備的計劃。按照這種說法，徵收直接稅和保險

費就會阻礙經濟運行，降低經濟效率。然而消費稅是間接稅，對上述意願的負面影響非常小，可以提高經濟效率。

剛才我僅舉了養老金的例子，其實醫療和護理等其他社會保障制度也可以儘量提高稅金比例，降低社會保險費的比例。因為，首要任務是改革已實質崩潰的養老金制度，先夯實養老金制度中的稅制方式，再以同樣的方法提高醫療和護理中的稅金比例。

七、擺脫「小政府」

日本政府已淪為「小政府」

我在本章中的建議全部都是讓政府出面承擔不同程度的責任，與現在的政治家、官僚和財經界人士高聲呼籲的「小政府」主張是唱反調的。因此在本書的最後，我將論述「小政府」主張，思考日本今後該走哪條路。

前文提到，日本的稅收負擔率處於發達國家中的最低水平。同樣，在社會保障的支付方面也處於最低水平。表 5-2 是社會保障支付金在國民收入中的佔比，瑞典高達 53.4%，位居榜首，其次

是法國的 37.2%，德國的 33.3%，再後是英國和美國。日本只有 15.2%，是發達國家中最低的。

表5-2　社會保障支付金在國民收入中的佔比（1993年）

日本	15.2 %
日本（1997 年）	17.8
美國（1992 年）	18.7
英國	27.2
德國	33.3
法國	37.2
瑞典	53.4

出處：國立社會保障和人口問題研究所《社會保障給付費》

表5-3　社會保障支付金在國民收入中的佔比（1998年）

日本	20.4 %
美國	18.4
英國	33.2
法國	40.9
瑞典	47.8

出處：OECD 的財政統計

　　表 5-2 中的數字是社會保障專家經過認真計算後得出的數值，準確性很高，缺點是略微陳舊了。表 5-3 是根據較近的 1998 年的數據製作而成的，數值估算上雖然沒有表 5-2 精細，但也有比較的價值。表中可見，日本為 20.4%，超過了美國的 18.4%，不再是最低水平。順帶說一句，2004 年的數據中，日本為 23.5%。

為何這個數據 10 年來一路增長？就是因為日本的人口老齡化。具體來説，需要接受社會保障支付的老年人口增加了。儘管制度上採取了削減社會保障的政策，但是老年人口增加抵消了削減的部分，從結果上看總支付金額在國民收入中的佔比還是上升了。不過即便是像這樣上升，日本的支付比例依舊低於歐洲各國，日本的社會保障制度的完善程度還是非常低的。因為有這樣的根據，所以我可以下結論説日本是典型的非福利型國家。

日本社會中廣泛存在着這種認識 —— 日本稅金高，社會保險費高，但是以社會保障形式返還給國民的福利卻非常有限。不過，這種認識與剛才的統計數據完全吻合的只有一點，就是日本的社會保障返還給國民的程度處於最低水平。前文提過，日本的稅收和社會保障的負擔率並不高，是處於國際中的低水平的。

按照稅收和社會保障的不同水平，發達國家可以分為三類。第一類是北歐各國所代表的高福利和高負擔國家，第二類是英國、德國、法國等歐洲大國所代表的中福利和中負擔國家，第三類是美國代表的低福利和低負擔國家。從前文各國之間的比較可知，日本屬於第三類中的低福利和低負擔國家。換言之，日本正在實現一個「小政府」。

以前，日本靠家庭來實現老年人口的經濟保障、醫療和護理，即靠家庭內部提供帶有個人色彩的福利，而不依靠公共機構的養老

金、醫療和護理。也就是說,那時無須公共機構出台政策,也可以實現某種程度的福利效應。30多年前,日本為效仿歐洲的福利國家,提高了公共機構福利的佔比,但即便如此,與歐洲相比,日本的公共機構的作用依舊有限。

主張「小政府」的呼聲

儘管現實中已經實現了「小政府」,但是在今天的日本仍能聽到一種高聲的訴求,就是希望政府再小一些。還有人認為,充實的社會保障制度已經成為民營經濟的桎梏。然而,持此觀點的政治家和企業家們究竟如何看待上述數據中所反映的日本的真實現狀?還是說他們明明已經認識到此種現狀卻依然主張實現更「小政府」?我深表疑惑。

主張「小政府」必要性的還不僅僅是政治家和企業家,不少國民也贊成這種主張。我認為,最大的理由來自對政府的不信任。即國民中有種強烈的意識,認為日本政府總是在做無謂的支出。

在接二連三實施的公共事業中,有很多是無謂的浪費,官僚榨取民脂民膏,徵收稅金卻做不到取之於民用之於民,各種營私舞弊,這些都讓國民對政府產生了極其強烈的不信任感。比如最近就有一件醜聞被公之於眾,社會保險廳為了提升国民年金的繳納率,

擅自單方面為不繳納國民年金者辦理了免除手續。諸如此類的事件就加深了國民對官僚的不信任感。於是就有人開始主張，應該儘量把政府變小，讓民間自治，以減少無謂的浪費。

如前文所述，從國際比較來看，日本現在已經實現了「小政府」。日本的社會保障制度或者說社會保障網無法與北歐各國相提並論，即便與歐洲其他國家相比，日本的福利水平也依舊很低，是典型的非福利型國家。儘管如此，今後還要繼續採取縮小社會保障制度規模的政策，旨在實現更小的政府。包括養老金、醫療保險、護理保險在內，所有的社會保障制度都在削減支付，提升負擔額，安全網越縮越小。

只要一出現以格差為主題的爭論，主張默許格差擴大的一方就會說，即便貧富格差擴大，只要確立切實可行的社會保障網，就可以救濟弱勢群體和貧困人群。也就是說即便貧富格差擴大，只要在某種範圍之內，就不會有問題。然而上述主張根本不符合實際，甚至與現實背道而馳。

還有人主張，日本財政赤字巨大，應該削減公共支出以實現「小政府」。的確，削減無謂的公共支出是必要的，我並不反對這一主張。但是不贊同削減福利和教育支出的做法。

走美國式道路還是歐洲式道路？

在這種情況下，日本現在面臨着兩難的抉擇。一種選擇是繼續實現「小政府」，繼續擴大格差。另一種是擺脫「小政府」，控制格差，在一定程度上充實福利和教育。具體而言，前者是美國式的，後者是歐洲式的道路。

美國式的道路建立在依靠國民自立意識形成的社會基礎之上。說白了，就是貫徹自己對自己負責的自我負責意識的社會。保障網也需要自己負責確立。而歐洲式道路要求國民在某種程度上負擔社會保險費和稅金，將其用作財源，並作為福利或公共服務返還給國民。現在的政府官僚、執政黨的政治家以及財經界人士都認為美國式道路更適合日本，這種意見佔了上風。

日本民眾中有不少人贊成歐洲式道路。如果政府能夠切實構築起養老金、醫療、護理等保障網，保證衣食無憂的社會，那麼國民中是不會有太多人抵觸稅收負擔的。但是問題在於前文提到的對於政府的不信任。自己繳納的錢有可能會被政府浪費或用於徇私舞弊，這種不信任感就增加了對提高負擔額的抵觸情緒。因此，政府必須杜絕浪費和徇私舞弊，才能重新贏得國民的信任。當然，最終的選擇還是要交給國民。

現在的保障網正在越縮越小。的確，當下的日本少子老齡化在

加劇，削減社會保障支付和提升個人負擔額在某種程度上是不得已而為之的。

　　但是這種狀況如果半永久性地持續下去，那麼日本國民衣食無憂的生活將無法得到保障。本書已經提到了新貧困層的出現，這就是一個苗頭。我希望本書中介紹的現狀和考察結果能夠有參考價值，讓國民在選擇取捨之際做出適合日本的正確決斷。

後　記

　　戰後很長一段時間，日本國民大多迷信自己身在一個
「一億總中流」的社會，還自信自己的國家兼顧了經濟效率和公
平(即平等性)，屹立於世界各國之中。

　　然而從 20 世紀 80 年代開始，收入分配開始趨向不平等。
進入 21 世紀後，貧富格差繼續擴大。2006 年 7 月 OECD 的
《對日經濟審查報告書》顯示，日本 18 歲到 65 歲之間人口的
貧困率極高，在發達國家中位居第二，僅次於美國，並對此發
出了警告。除此之外，以全體國民為對象進行的調查結果也顯
示，日本的貧困率在發達國家中高居第三位，詳見第一章第三
節。可見，不僅貧富格差在擴大，貧困人口的數量也在增加。

　　十幾年來，日本經濟苦於嚴重的不景氣，現在才略有回
暖。然而回暖僅限於大城市的大企業，並未波及地方城市和中
小企業，中央和地方間出現了顯著的格差。

不景氣的確是造成收入分配不平等化的原因，但是我認為，造成格差擴大的最主要原因在於，本書中提到的日本社會和經濟在這二三十年間處於長期變化之中。

　　特別是在論及格差社會之際，最重要的是必須關注以下幾點。第一，機會的平等與不平等。第二，結果的平等與不平等。第三，效率和公平的關係。第四，政府的作用。第五，企業與個人的意識和行為的變化。本書就是圍繞着上述幾個核心展開了論述。

　　在討論格差擴大時，可以從經濟學進行合理且科學的分析，提供判斷現狀所需的客觀資料。但是有時候，很大程度上還是要依靠人們的價值判斷。比如，應該容許何種程度的收入格差和何種程度的貧困人口的存在。這些都是要交由個人的價值觀來判斷的。因此，我力求區分開經濟學的客觀性和個人的主觀性。

　　不過因為我的意見最終關係到讀者如何判斷格差社會，因此我還是亮出了自己的價值判斷標準。我期待讀者們的各種意見，包括批評指正。

　　自8年前出版《日本的經濟格差》以來，圍繞着格差問題引發了各種爭論。我也期待新執筆的這本拙著能拋磚引玉，成為系列爭論中的一個供大家辯論的草案。而這種爭論是會繼續

發酵，還是會告一段落，也是我關心的有趣的一點。

我的結論歸納為以下幾點。第一，格差在繼續擴大之中，貧困人群在增加。第二，日本是可以做到在不犧牲經濟效率的前提下，從機會和結果兩個方面採取措施糾正格差的。第三，糾正格差的對策的根本在教育、社會保障和就業領域。關於具體的政策建議，我在行文中也有了明確闡述。

就在本書出版的同時，取代小泉內閣的新內閣產生（指第一次安倍內閣）。新內閣是要沿襲前內閣的政策還是修改路線，這是一個備受關注的問題。這在很大程度上將決定格差社會走向何方。

本書篇幅有限，重在啟蒙。或許有的讀者抱怨沒能詳細展開討論。感興趣的朋友、想要了解詳細學術分析的朋友，請參考以下兩本拙著。一本是 Confronting Income Inequality in Japan（MIT Press，2005），另一本是我與浦川邦夫合著的《日本的貧困研究》（東京大學出版會，2006）。

本書是受岩波新書編輯部的坂卷克巳和田中宏幸二位的熱情邀請而作。在執筆和編輯之際，承蒙田中宏幸先生的傾力支持，在此深表感謝。如仍有謬誤，文責自負。

2006 年 8 月

橘木俊詔

責任編輯	陳　菲
書籍設計	林　溪
排　版	高向明
印　務	馮政光

書　名	格差社會
叢書名	社會觀察譯叢
作　者	〔日〕橘木俊詔
譯　者	丁　曼
出　版	香港中和出版有限公司 Hong Kong Open Page Publishing Co., Ltd. 香港北角英皇道499號北角工業大廈18樓 http://www.hkopenpage.com http://www.facebook.com/hkopenpage http://weibo.com/hkopenpage
香港發行	香港聯合書刊物流有限公司 香港新界大埔汀麗路36號3字樓
印　刷	美雅印刷製本有限公司 香港九龍官塘榮業街6號海濱工業大廈4字樓
版　次	2020年1月香港第1版第1次印刷
規　格	32開（130mm × 190mm）208面
國際書號	ISBN 978-988-8570-71-3 © 2020 Hong Kong Open Page Publishing Co., Ltd. Published in Hong Kong

KAKUSA SHAKAI: NANI GA MONDAI NANOKA
by Toshiaki Tachibanaki
© 2006 by Toshiaki Tachibanaki
First published in 2006 by Iwanami Shoten, Publishers, Tokyo.
This complex Chinese edition published 2020
by Hong Kong Open Page Publishing Company Limited, Hong Kong
by arrangement with the proprietor c/o Iwanami Shoten, Publishers, Tokyo